Harald Bartling

Eure Rede sei gesalzen

Harald Bartling

Eure Rede sei gesalzen

Unzeitgemäße Predigten

Fromm Verlag

Impressum/Imprint (nur für Deutschland/ only for Germany)
Bibliografische Information der Deutschen Nationalbibliothek: Die Deutsche Nationalbibliothek verzeichnet diese Publikation in der Deutschen Nationalbibliografie; detaillierte bibliografische Daten sind im Internet über http://dnb.d-nb.de abrufbar.

Coverbild: www.ingimage.com

Contact:
International Book Market Service Ltd., 17 Rue Meldrum, Beau Bassin, 1713-01 Mauritius
Website: www.bookmarketservice.com
Email: info@bookmarketservice.com

Gedruckt in: USA, UK, Deutschland. Dieses Buch wurde nicht in Mauritius produziert.

Imprint (only for USA, GB)
Bibliographic information published by the Deutsche Nationalbibliothek: The Deutsche Nationalbibliothek lists this publication in the Deutsche Nationalbibliografie; detailed bibliographic data are available in the Internet at http://dnb.d-nb.de.

Cover image: www.ingimage.com

Contact:
International Book Market Service Ltd., 17 Rue Meldrum, Beau Bassin, 1713-01 Mauritius
Website: www.bookmarketservice.com
Email: info@bookmarketservice.com

Printed in: U.S.A., U.K., Germany. This book was not produced in Mauritius.

ISBN: 978-3-8416-0303-6

Inhalt

„Wer sich mit dem Zeitgeist vermählt, wird bald Witwer sein."

(Sören Kierkegaard, dänischer Philosoph)

„Wer nach allen Seiten offen ist, kann nicht ganz dicht sein."

(Graffito in einem Jugendkeller)

„Predige das Wort, steh dazu, es sei zur Zeit oder zur Unzeit."

(2.Timotheus 4,2)

Vorwort

„Eure Rede sei allezeit freundlich und mit Salz gewürzt", heißt es im Kolosserbrief. Dagegen kommen kirchliche Reden und Texte in unserer Zeit in der Regel zwar freundlich, aber gleichzeitig auch recht konturlos und ungewürzt daher. Man vermeidet strittige Themen und wiederholt stattdessen die vertrauten Positionen. Dadurch erregt man keinen Anstoß, aber man stößt auch nichts an. Die christliche Botschaft mit all dem, was sie an Widerständigem enthält, bleibt oft ungesagt.

Damit verglichen sind die vorliegenden Predigten eher unzeitgemäß. Sie nehmen kontroverse Fragen auf und versuchen, sie vom Evangelium her zu klären. Sie liefern Argumente für den Glauben in der Auseinandersetzung mit weltanschaulichen und wissenschaftlichen Positionen unserer Zeit. Sie sind damit im guten Sinn missionarisch ausgerichtet: sie wollen überzeugen.

Im zweiten Teil sind Kurzandachten und Texte gesammelt, die sich mit aktuellen Themen auseinandersetzen. Bisweilen geschieht dies humorvoll bis satirisch, besonders wenn es um Auswüchse des Zeitgeistes geht. Von daher ist eine gewisse Freude beim Lesen nicht auszuschließen.

März 2012

Harald Bartling

Predigten

Am Anfang

1.Mose 1,1–5.26-31a

Am Anfang schuf Gott Himmel und Erde. Und die Erde war wüst und leer, und es war finster auf der Tiefe; und der Geist Gottes schwebte auf dem Wasser.

Und Gott sprach: Es werde Licht! Und es ward Licht. Und Gott sah, dass das Licht gut war. Da schied Gott das Licht von der Finsternis und nannte das Licht Tag und die Finsternis Nacht. Da ward aus Abend und Morgen der erste Tag.

Und Gott sprach: Lasset uns Menschen machen, ein Bild, das uns gleich sei, die da herrschen über die Fische im Meer und über die Vögel unter dem Himmel und über das Vieh und über alle Tiere des Feldes und über alles Gewürm, das auf Erden kriecht. Und Gott schuf den Menschen zu seinem Bilde, zum Bilde Gottes schuf er ihn; und schuf sie als Mann und Frau.

Und Gott segnete sie und sprach zu ihnen: Seid fruchtbar und mehret euch und füllet die Erde und machet sie euch untertan und herrschet über die Fische im Meer und über die Vögel unter dem Himmel und über das Vieh und über alles Getier, das auf Erden kriecht. Und Gott sprach: Sehet da, ich habe euch gegeben alle Pflanzen, die Samen bringen, auf der ganzen Erde, und alle Bäume mit Früchten, die Samen bringen, zu eurer Speise. Aber allen Tieren auf Erden und allen Vögeln unter dem Himmel und allem Gewürm, das auf Erden lebt, habe ich alles grüne Kraut zur Nahrung gegeben. Und es geschah so.

Und Gott sah an alles, was er gemacht hatte, und siehe, es war sehr gut.

„ Glauben heißt nicht wissen! “

An diesen Satz erinnere ich mich, wenn ich an meine Schulzeit denke. Unser Biolehrer pflegte das zu sagen, wenn einer von uns eine Frage beantworten sollte und etwas zögernd anfing: „Ich glaube…“ – dann schnitt er ihm das Wort ab, indem er sagte: „Glauben heißt nicht wissen.“

Er war überhaupt sehr für die Wissenschaft, unser Biolehrer. Und das war bei ihm verbunden mit einem geradezu missionarischen Eifer, unser Denken von religiösen Restbeständen zu befreien. Wenn wir zum Beispiel über Darwins Evolutionstheorie sprachen, dann geschah das nie ohne einen Seitenhieb gegen diese merkwürdigen Christen, die immer noch an glaubten, die Welt wäre in sieben Tagen entstanden.

Solche Gralshüter der Wissenschaft gibt es bis heute. Die immer noch meinen, sie müssten die Christen vom Irrglauben an die Schöpfungsgeschichte befreien. Und die damit natürlich pausenlos offene Türen einrennen. Denn dass die Schöpfungsgeschichte kein wissenschaftlicher Bericht ist, wissen wir seit langem. Wie sollte sie das sein? Sie ist 2500 Jahre alt! Als sie entstand, glaubte man, dass die Erde eine Scheibe wäre und der Himmel eine Glaskuppel mit einem Himmelsozean darüber, und wenn Gott die Fenster der Kuppel öffnet, dann regnet es, und wenn er sie nicht rechtzeitig schließt, gibt es eine Sintflut. Dass die Welt so nicht aussieht, wissen wir seit langem. Und es wäre völlig unsinnig, zur Ehrenrettung der Bibel an diesem Weltbild festzuhalten, wie fundamentalistische Gruppen in den USA das tun. Nach dem Motto: Das kannst du nicht denken, das musst du glauben!

Was wir allerdings tun müssen, ist, dass wir unterscheiden zwischen der Schöpfungsgeschichte als Modell zur Weltentstehung – da ist sie überholt – und der Schöpfungsgeschichte als Glaubensurkunde. Denn das will sie eigentlich sein. Sie spricht vom Glauben an Gott den Schöpfer und daran, dass die Welt sinnvoll und gut ist. Und an dieser Stelle ist sie zeitlos und bis heute wichtig zu hören.

Also sehen wir uns diesen bekannten Text einmal genauer an und fragen nach dem, was er uns heute zu sagen hat.

„Am Anfang schuf Gott Himmel und Erde."

Wenn man sich andere Schöpfungsmythen ansieht, die zur gleichen Zeit in der Umgebung Israels kursierten, stellt man einen wesentlichen Unterschied fest. Der babylonische Gott Marduk etwa tötet die Urgöttin Tiamat und baut aus ihrem Leichnam Himmel und Erde. In der Bibel gibt es keine Götter, die sich gegenseitig umbringen. Am Anfang ist da nur Gott, ewig in sich ruhend, vor aller Zeit. Und indem Gott sein Wort spricht, entsteht die Welt.

Dass es überhaupt einen Anfang gab, weiß die Wissenschaft erst seit hundert Jahren. Bis dahin glaubte man, dass das Universum immer schon existierte. Erst seit Einstein wissen wir, dass die Zeit zusammen mit dem Raum entstand, vor geschätzten 13,7 Milliarden Jahren. Das ist jedenfalls die zurzeit vorherrschende Hypothese. Wir müssen uns klarmachen, dass auch die Wissenschaft nicht alles weiß, sondern vieles einfach glaubt, solange bis man eine bessere Erklärung findet.

Was war vorher? Vor dem Beginn der Zeit? Natürlich gab es kein Vorher, denn vorher ist ein zeitlicher Begriff. Die Bibel sagt dazu: das Eigentliche ist nicht die Zeit, sondern die Ewigkeit. Gott, der von Ewigkeit zu Ewigkeit ist, dessen „Geist auf dem Wasser schwebt". Erst als Gott sein Schöpfungswort ausspricht, materialisiert sich etwas, wird Zeit und Welt.

Ich habe vorhin gesagt: Die Schöpfungsgeschichte ist kein naturwissenschaftlicher Bericht. Aber eins ist auch richtig: sie ist erstaunlich logisch aufgebaut und durchdacht. Sie weist sogar viele Ähnlichkeiten mit dem modernen Weltbild auf. „Und die Erde war wüst und leer“: „tohu wa bohu“ steht da, ein Begriff, den man ja bis heute gern verwendet, um den Zustand von Kinderzimmern zu beschreiben. Gott erschafft die Welt, indem er das Chaos ordnet. Indem er Licht und Dunkelheit, Himmel und Erde, Land und Meer voneinander trennt. Auch die Wissenschaft geht von einem Urchaos aus, in dem in der ersten Sekunde nach dem Urknall in einem fast unendlich heißen und dichten Universum alle vier Elementarkräfte, alle Elementarteilchen miteinander verschmolzen waren und sich dann trennten, so dass die einzelnen Kräfte wirksam wurden und sich die Elementarteilchen zu Atomen zusammensetzten.

Also Ordnung aus dem Chaos. Von Anfang an zeigt sich ein gestaltendes Prinzip im Weltall, das zu immer höherer Ordnung führt bis zur Entstehung von Leben und schließlich von bewusstem Leben, bis hin zum Menschen. Für Albert Einstein war die erkennbare Logik der Naturgesetze ein hinreichender Beweis dafür, dass das Universum nicht zufällig entstanden ist, sondern dass darin die Handschrift eines Schöpfers zu erkennen ist.

Am Anfang steht also nicht der Zufall, auch nicht das Chaos, am Anfang steht Gott. Am Anfang steht ein Plan. Das heißt auch: Die Welt ist nicht sinnlos, sondern alles geht auf ein Ziel zu. Himmel und Erde, Licht und Dunkelheit, Land und Meer entstehen als Bühne für das Leben, für Pflanzen und Tiere, die darin leben sollen, und für den Menschen, der schließlich als Letztes geschaffen wird. Was hat sich Gott dabei gedacht? Welchen Sinn hat unser Leben?

Das ist nun der zweite Glaubenssatz in der Schöpfungsgeschichte: „Gott schuf den Menschen nach seinem Bild, zum Bilde Gottes schuf er ihn, und schuf sie als Mann und Frau.“ Der Mensch also als Ebenbild Gottes. Das heißt sicher nicht, dass Gott auch Augen und Ohren, Mund und Nase hat. Aber es heißt doch, dass der Mensch etwas an sich hat, das ihn Gott ähnlich macht und über die übrige Schöpfung erhebt. So dass er Verantwortung für diese Welt übernehmen kann. Er bekommt sogar das Recht, den Tieren Namen zu geben. Allerdings darf er das nicht aus eigener Machtvollkommenheit, als Besitzer der Welt, sondern als Verwalter im Auftrag Gottes.

Auch das hat mit der Vorstellung des Bildes zu tun. Die Herrscher im Alten Orient ließen an vielen Stellen ihres Reiches Statuen aufstellen, Bilder von sich selbst, um deutlich zu machen: Dies ist mein Herrschaftsbereich. So wird der Mensch als Herrschaftszeichen Gottes in die Welt gesetzt, um Gottes Anspruch auf diese Welt deutlich zu machen. Aber eben nicht als Herrscher selbst, sondern als Stellvertreter, sozusagen als Gärtner Gottes. „Und Gott der Herr setzte den Menschen in den Garten Eden, dass er ihn bebaute und bewahrte", heißt es sehr schön in 1.Mose 2.

Wir sollten uns häufiger daran erinnern, dass wir nicht die Besitzer der Welt sind, sondern nur Verwalter auf Zeit, und dass die nächsten Gärtner schon warten, um sie zu übernehmen, möglichst in einem anständigen Zustand. „Die Mietsache ist schonend zu behandeln und in unversehrtem Zustand zurückzugeben." ---

Am Ende der Schöpfungsgeschichte steht ein bemerkenswerter Satz: „Und Gott sah an alles, was er gemacht hatte, und siehe: es war sehr gut."

Das ist sozusagen das Prädikat, das die Welt in der anschließenden Qualitätsprüfung bekommt: sie ist „sehr gut". Sie ist als Lebensraum optimal.

Das kann man aus heutiger Sicht nur bestätigen. Wenn man sich einmal klar macht, wie viele „Zufälle" zusammenkommen mussten, damit sich das Leben auf der Erde so entwickeln konnte, kann man eigentlich nur staunen, dass es überhaupt Leben gibt. Wir haben schon ein unglaubliches Glück mit diesem Planeten. Nur ein bisschen mehr Abstand von der Sonne, und alles wäre in Kälte erstarrt. Nur ein bisschen weniger Abstand, und alles würde verdorren. Ohne Atmosphäre, ohne schützendes Magnetfeld, sogar ohne den Mond hätte es wohl kein Leben gegeben. Und das sind nur einige wenige von den elementaren Bedingungen, die erfüllt sein mussten, damit etwas so unendlich Kompliziertes wie der Mensch sich entwickeln konnte.

Ist die Welt also ohne Gott zu erklären? Wissenschaftler haben sicher nicht nur das Recht, sondern sogar die Pflicht, ohne Gott als Arbeitshypothese auszukommen. Sie müssen rechnen und nicht glauben, jedenfalls nicht bei der Arbeit. Aber vielleicht nehmen sie sich doch einmal die Zeit zu staunen über die Schönheit und Zweckmäßigkeit der Welt. Vielleicht sollten sie doch etwas offener darüber sprechen, wie viele Geheimnisse auch für sie die Entstehung des Universums und des Lebens umgeben, die wir vielleicht niemals aufklären werden. Ein Stück Bescheidenheit, ein Stück Ehrfurcht vor der Schöpfung, ein Stück Dankbarkeit dafür, dass wir hier leben dürfen: das wäre schon ein Schritt in die richtige Richtung.

Abel, wo ist dein Bruder?

1.Mose 4,1-16

Adam erkannte seine Frau Eva, und sie ward schwanger und gebar den Kain und sprach: Ich habe einen Mann gewonnen mit Hilfe des Herrn. Danach gebar sie Abel, seinen Bruder. Und Abel wurde ein Schäfer, Kain aber wurde ein Ackermann.

Es begab sich aber nach etlicher Zeit, dass Kain dem Herrn Opfer brachte von den Früchten des Feldes. Und auch Abel brachte von den Erstlingen seiner Herde und von ihrem Fett. Und der HERR sah gnädig an Abel und sein Opfer, aber Kain und sein Opfer sah er nicht gnädig an. Da ergrimmte Kain sehr und senkte finster seinen Blick. Da sprach der Herr zu Kain: Warum ergrimmst du? Und warum senkst du deinen Blick? Ist's nicht also? Wenn du fromm bist, so kannst du frei den Blick erheben. Bist du aber nicht fromm, so lauert die Sünde vor der Tür, und nach dir hat sie Verlangen; du aber herrsche über sie.

Da sprach Kain zu seinem Bruder Abel: Lass uns aufs Feld gehen! Und es begab sich, als sie auf dem Felde waren, erhob sich Kain wider seinen Bruder Abel und schlug ihn tot. Da sprach der HERR zu Kain: Wo ist dein Bruder Abel? Er sprach: Ich weiß nicht; soll ich meines Bruders Hüter sein?Er aber sprach: Was hast du getan? Die Stimme des Blutes deines Bruders schreit zu mir von der Erde. Und nun: Verflucht seist du auf der Erde, die ihr Maul hat aufgetan und deines Bruders Blut von deinen Händen empfangen. Wenn du den Acker bebauen wirst, soll er dir hinfort seinen Ertrag nicht geben. Unstet und flüchtig sollst du sein auf Erden.

Kain aber sprach zu dem HERRN: Meine Strafe ist zu schwer, als dass ich sie tragen könnte. Siehe, du treibst mich heute vom Acker, und ich muss mich vor deinem Angesicht verbergen und muss unstet und flüchtig sein auf Erden. So wird mir's gehen, dass mich totschlägt, wer mich findet. Aber der HERR sprach zu ihm: Nein, sondern wer Kain totschlägt, das soll siebenfältig gerächt werden. Und der HERR machte ein Zeichen an Kain, dass ihn niemand erschlüge, der ihn fände.

So ging Kain hinweg von dem Angesicht des HERRN und wohnte im Lande Nod, jenseits von Eden, gegen Osten.

Kain und Abel – die Geschichte vom ersten Brüderpaar und gleichzeitig vom ersten Brudermord – darum geht es im heutigen Predigttext. Wir alle kennen ihn wahrscheinlich schon seit unserer Kindheit. Und es war das Bild in einer Kinderbibel, das mir als erstes eingefallen ist, als ich diese Geschichte wieder las: Zwei Männer sind da auf einem Feld zu sehen, die nebeneinander, aber doch jeder für sich ein Opfer bringen. Beide haben ein großes Feuer angezündet und verbrennen darauf ihre Gaben; aber nur die eine Rauchfahne steigt senkrecht in den Himmel empor, die andere wird vom Wind zur Seite gedrückt, sie kommt bei Gott nicht an.

Dieses Bild fällt mir ein, wenn ich an die Geschichte von Kain und Abel denke. Und mir fällt auch ein, welche Probleme ich als Kind damit hatte. Ich habe mich damals gefragt: wie kommt es eigentlich, dass Gott so parteiisch ist? Kain, der Bauer, ist doch kein schlechterer Mensch als Abel, der Schäfer. Auch er bemüht sich, Gott zu gefallen, sein Opfer ist nicht weniger wert als das des Bruders. Und doch heißt es: „Der Herr sah gnädig an Abel und sein Opfer, aber Kain und sein Opfer sah er nicht gnädig an."

Ist Gott also ungerecht? Ich weiß heute, dass diese Frage nicht nur von Kindern gestellt wird, sondern auch von Erwachsenen. Es ist theologisch gesprochen die sogenannte "Theodizee-Frage", wörtlich die Frage nach der Gerechtigkeit Gottes. Die man sehr unterschiedlich beantworten kann. Eins ist deutlich: in unserem Predigttext gibt es darauf keine Antwort. Es wird nicht erklärt, warum Gott das eine Opfer annimmt und das andere zurückweist.

Und im Grunde ist das ja auch ganz realistisch. So ist das Leben eben. Der eine hat Glück und der andere Pech. Dem einen fällt alles zu, er hat „eine glückliche Hand", sagen wir, der andere ist ein „Pechvogel". Der eine ist auf der Sonnenseite des Lebens, der andere ist auf der Verliererstraße. Kann er etwas dafür? Vermutlich nicht. Auch wenn wir von Chancengleichheit reden, haben nicht alle die gleichen Chancen. Wir sind unterschiedlich geprägt, durch unsere Herkunft, durch Erbanlagen, durch günstige oder ungünstige Lebensumstände verletzt oder gestärkt. Wir alle bringen Opfer auf dem Altar des Erfolges, aber nicht jedes Opfer kommt auch an. Darüber kann man sich beschweren, es ändert aber nichts daran, dass wir als Erwachsene für uns selbst einstehen müssen und die Schuld weder auf eine schwere Kindheit noch auf Gott schieben können. So ist das Leben.

Entscheidend ist nur, dass wir daraus nicht auch noch ein religiöses Urteil machen und sagen: Der Glückliche ist von Gott geliebt und der Unglückliche von Gott gehasst. Es hat so etwas im Lauf der Religionsgeschichte immer wieder gegeben. Dass man etwa Krankheit als Strafe Gottes verstand. Jesus ist mal gefragt worden: Wer hat denn gesündigt, dieser Junge oder sein Vater? Einer muss doch schuld sein an seiner Krankheit! Und Jesus hat das strikt zurückgewiesen. Er hat geantwortet: Er ist nicht krank, weil er mehr gesündigt hat als andere, sondern damit ich ihn gesund mache. Jesus hat umgekehrt gerade die Kranken, die Leidtragenden, die Benachteiligten seliggepriesen und gesagt: Euch gehört das Himmelreich! Das ist natürlich ein Denken, ein ethischer Fortschritt, den wir im Alten Testament noch nicht finden. Aber seien wir ehrlich: auch wir verwechseln ja häufig Erfolg und Gesundheit mit Segen. Da ist und bleibt uns Jesus einfach um Längen voraus.

Nun geht unser Predigttext einen Schritt weiter und zeigt sehr eindrücklich die Folgen auf, die diese Ungleichheit des Schicksals hat. „Da ergrimmte Kain sehr und senkte finster seinen Blick." Er spricht aber nicht darüber, weder mit Gott noch mit seinem Bruder, sondern verschließt es in sich. Wenn man sich ungerecht behandelt fühlt, dann redet man nicht drüber. Gerade dadurch wird man ja zum *loser*, wenn man um Verständnis bittet oder um Gerechtigkeit. Da wird man ausgelacht. So was machen doch nur Schwache! So empfinden das jedenfalls viele, die schlechte Erfahrungen gemacht haben und empfindlich geworden sind. Dann verschließt man seinen Grimm lieber. Der ist dann aber nicht weg, sondern grummelt erst recht weiter. Man kann das alte Sprichwort auch umkehren: Was lange gärt, wird endlich Wut. Und diese Wut führt zur Gewalt und schließlich zum ersten Mord.

Dass diese Geschichte höchst aktuell ist, kann man fast täglich erleben. Die stillen, unauffälligen Schüler, die plötzlich zum Gewehr greifen und in die Schule rennen und wild um sich schießen. Die einfach Menschen töten. Das ist tragisch, aber es kommt nicht plötzlich. Mit ein bisschen Gespür müsste man als Lehrer, vielleicht ja auch als Gleichaltriger merken, dass da jemand über lange Zeit hinweg innerlich verletzt wird, gekränkt (also: krank gemacht) wird und es immer nur in sich hineinfrisst.

Wenn man das ernstnimmt und weiterdenkt, dann liegt darin auch eine Mahnung: Sei vorsichtig im Umgang mit deinen Mitmenschen, damit sie nicht zum Kain werden! Sieh zu, dass du nicht mit deinem Verhalten ihre Gewaltbereitschaft noch verstärkst! Ich denke dabei zum Beispiel an den Umgang mit Neonazis. So unsympathisch sie mir sind mit ihren schlichten Parolen und ihrem Machogehabe - sie verhalten sich auch nicht zufällig so, sie wollen damit doch etwas aussagen: Ihr mögt zwar klüger sein und geschwollener reden, aber wir sind stärker. Und wenn ihr uns nicht liebt, sollt ihr uns wenigstens fürchten. Nur eins erlauben wir nicht: dass ihr über uns lacht und uns verspottet. Dann schlagen wir zu!

Es ist also ausgesprochen dumm, Menschen als dumm zu bezeichnen, gerade wenn sie schon unter Minderwertigkeitskomplexen leiden, weil sie geistig häufig nicht mitgekommen sind und dafür auch schon hinreichend bestraft worden sind in der Schule und am Arbeitsplatz, so sie denn einen bekommen haben. Denn damit treibt man sie immer stärker in die Gewaltbereitschaft. Wir machen uns unseren Kain selbst.

Die Frage ist also nicht nur: Kain, wo ist dein Bruder Abel? sondern auch: Abel, wo ist dein Bruder Kain? Was wird aus denen, die aus der guten Gesellschaft herausfallen, aus den unbeliebten Mitschülern, den belächelten Arbeitskollegen, den verklemmten Mitbewohnern, den unfreundlichen Nachbarn? Was wird aus den Straftätern, den Gewalttätigen, den Mördern?

Unsere Geschichte hat ein merkwürdiges Ende. Kain wird von Gott überführt und bestraft, er muss das Land verlassen, aber er wird auch von ihm geschützt. Er erhält ein Zeichen an die Stirn, das Kainszeichen, das besagt: Niemand soll dich töten. Er bekommt sogar ein Asyl zugewiesen. Er darf weiterleben, trotz seines Brudermordes. Hier ist also schon im Alten Testament der Gedanke zu finden, dass Bestrafung des Täters nicht Rache bedeutet. Gott verbietet die Blutrache! Übrigens ist das auch ein deutliches Wort gegen die Todesstrafe: „Auge um Auge führt dazu, dass die ganze Welt blind wird", hat Mahatma Gandhi gesagt.

Das Ende unserer Geschichte ist versöhnlich. Gott verstößt auch Kain nicht. Selbst der Brudermörder geht nicht für alle Zeit verloren. Jesus hat ein Gleichnis erzählt, das die Geschichte von Kain und Abel aufnimmt und verändert. Auch sie handelt von zwei Brüdern: von einem, der im Haus des Vaters bleibt und Erfolg hat, und von einem, der weggeht und Schiffbruch erleidet, zum verlorenen Sohn wird. Aber vor allem handelt die Geschichte von einem, der keinen der beiden Söhne abweist, sondern für beide Vater ist, Opfer und Täter.

„Das Wunder des Lebens"

1.Mose 8,18-22

Noah ging heraus aus der Arche mit seinen Söhnen und mit seiner Frau und den Frauen seiner Söhne dazu alle wilden Tiere, alles Vieh, alle Vögel und alles Gewürm, das auf Erden kriecht; das ging aus der Arche, ein jedes mit seinesgleichen.

Noah aber baute der Herr einen Altar und nahm von allem reinen Vieh und von allen reinen Vögeln und opferte Brandopfer auf dem Altar. Und der Herr roch den lieblichen Geruch und sprach in seinem Herzen: Ich will hinfort nicht mehr die Erde verfluchen um der Menschen willen; denn das Dichten und Trachten des menschlichen Herzens ist böse von Jugend auf. Und ich will hinfort nicht mehr schlagen alles, was da lebt, wie ich getan habe. Solange die Erde steht, soll nicht aufhören Saat und Ernte, Frost und Hitze, Sommer und Winter, Tag und Nacht.

Was ist eigentlich ein Wunder? Wenn man im Brockhaus nachschlägt, dann steht da unter „Wunder": „Ein Vorgang, der Erfahrung oder Naturgesetz widerspricht und im Glauben der Völker als Offenbarung göttlicher Macht und göttlichen Handelns gilt." Ein Wunder ist danach, wenn etwas ganz und gar Ungewöhnliches passiert, das der Alltagserfahrung zuwiderläuft.

Die Noahgeschichte sieht das ganz anders. Da ist das eigentliche Wunder, dass nichts Ungewöhnliches geschieht, sondern dass Saat und Ernte, Sommer und Winter, Tag und Nacht regelmäßig aufeinander folgen. Dass man im Frühjahr säen kann und weiß: Im Herbst werde ich ernten. Dass das Meer an seinem Ort bleibt und nicht plötzlich das Land überschwemmt und alles Leben auslöscht. Dass die Natur zuverlässig und konstant ist, das ist für die Noahgeschichte das eigentliche Wunder. Und dahinter steht eine Zusage Gottes: Ich will hinfort die Erde nicht mehr vernichten trotz allem, was der Mensch an Bösem tut. Das ist der Bund, den Gott mit den Menschen schließt.

Und dahinter steht eine grundsätzliche Umbesinnung, ein Umdenken Gottes. Die Geschichte beginnt damit, dass Gott seine Schöpfung am liebsten gleich wieder vernichten möchte, denn „das Dichten und Trachten des menschlichen Herzens ist böse von Jugend auf." Wenn also am Ende der Schöpfungsgeschichte der Satz steht: „Und Gott sah an alles, was er gemacht hatte, und siehe: es war sehr gut", dann hat sich das nach wenigen Generationen Menschheit gründlich geändert. Die Menschen haben angefangen, sich gegenseitig umzubringen, sie haben auch kein Interesse mehr an Gott und richten sich nicht nach seinen Geboten. Und so beschließt Gott, eine Sintflut zu schicken und sie von der Erde zu vertilgen. Allerdings nicht alle, Noah und seine Familie bleiben verschont, genauso einige Exemplare jeder Tierart: sie dürfen in die Arche einziehen und werden vom Massensterben verschont, in ihnen liegt der Keim für einen neuen Anfang.

Und dann öffnet Gott die Schleusen des Himmels, die Erde füllt sich mit Wasser, und alles Leben außerhalb der Arche wird vernichtet. 150 Tage lang, so heißt es, steigt das Wasser, dann verschließt Gott die Schleusen des Himmels, und es beginnt ganz allmählich wieder zu fallen. Bis die Arche auf der Spitze des höchsten Berges aufsetzt, das ist der Berg Ararat in der heutigen Türkei, 5100 Meter hoch.

Im April 2010 meldete die Bild-Zeitung, dass eine christliche Forschergruppe Reste einer schiffsähnlichen Struktur gefunden hätte, die etwa 4800 Jahre alt sei. Das ist sehr ehrenwert, wobei allerdings verschwiegen wird, dass es nicht der erste Fund dieser Art auf dem Ararat ist. Schon 1957 entdeckte man dort den sogenannten Arche-Noah-Felsen, der verblüffende Ähnlichkeit mit einem Schiff hat. Inzwischen weiß man allerdings, dass er aus Kalkstein besteht und einige Millionen Jahre alt ist.

Es ist also nicht sehr sinnvoll, wenn man versucht, die Sintflut historisch festzumachen und zu beweisen. Natürlich hat es in der Geschichte der Menschheit immer wieder große Überschwemmungen gegeben, die Überlieferungen der Völker sind voll davon. Und es hat sogar globale Katastrophen gegeben, die die Mehrzahl aller lebenden Tierarten ausgelöscht haben wie beim Sauriersterben vor 65 Millionen Jahren (man vermutet heute, dass es der Einschlag eines großen Meteoriten war, der für Jahrhunderte alles Sonnenlicht von der Erde fernhielt). Insofern ist die Sintflutgeschichte ein gutes Bild, eine Erinnerung daran, dass unsere Erde immer gefährdet ist, dass alles Leben auf der Welt mit einem Schlag vernichtet werden könnte. Aber dass es innerhalb der letzten 10.000 Jahre tatsächlich eine Zeit gegeben haben soll, in der alle Kontinente vom Wasser bedeckt waren, oder ein globales

Massensterben, das ist wissenschaftlich völlig ausgeschlossen. Die Geschichte von der Sintflut ist eine Legende.

Oder genauer gesagt: sie ist ein Glaubensbekenntnis. Ein Bekenntnis zu Gott als Schöpfer, der seine Schöpfung nicht zerstören will. Der uns und den Tieren und Pflanzen einen sicheren Lebensraum gibt, der uns das Leben lässt, auch wenn unser Dichten und Trachten böse von Jugend auf sein mag. „Solange die Erde steht, soll nicht aufhören Saat und Ernte, Frost und Hitze, Sommer und Winter, Tag und Nacht." Das ist das größte Wunder überhaupt.

Und vielleicht ist es Zeit, sich das wieder einmal klarzumachen. Wieder einmal ins Staunen zu geraten darüber, dass wir auf dieser Welt leben können. Astronomen haben gerade in unserer unmittelbaren Nachbarschaft im Weltall (nur etwa 20 Lichtjahre entfernt) einen Planeten entdeckt, auf dem theoretisch Leben möglich wäre. Weil er eine wesentliche Voraussetzung erfüllt: er hat ungefähr den richtigen Abstand zu seiner Sonne. Es könnte dort eine Temperatur zwischen 0 und 100 Grad Celsius herrschen, bei der Wasser in flüssigem Zustand vorkommen könnte. Allerdings dreht sich dieser Planet nicht um sich selbst, so dass die eine Hälfte im ewigen Licht und die andere in ewiger Dunkelheit liegt. Außerdem ist die Schwerkraft dort drei- bis viermal so hoch, so dass es für uns sehr mühsam wäre, uns dort fortzubewegen.

Man merkt an solchen Beispielen, was für ein unwahrscheinlicher Zufall es ist (oder eben auch mehr als nur Zufall), dass auf unserem Planeten Erde überhaupt Leben gibt. Dass Saat und Ernte aufeinander folgen. Das ist ja nur möglich, weil es unterschiedliche Jahreszeiten gibt, und die gibt es nur, weil unsere Erdachse gekippt ist gegenüber der Umlaufbahn um die Sonne. Außerdem bewegt sich unsere Erde in einem ganz schmalen Korridor um die Sonne, den man die „habitable Zone" nennt, weil dieser Abstand zur Sonne Leben ermöglicht. um die Erde geben, die die tödliche Strahlung des Weltalls abhält. Alle diese

Voraussetzungen gelten allein schon dafür, dass überhaupt Leben in seiner primitivsten Form entstehen konnte, aber vom einfachen Bakterium bis zum Säugetier ist ein langer Weg und ein nicht weniger komplizierter vom Säugetier bis zum bewussten, intelligenten Leben.

Der auch aus dem Fernsehen bekannte Physiker Harald Lesch hält es durchaus für möglich, dass es im gesamten Weltall keinen einzigen weiteren Planeten gibt, auf dem höheres Leben existiert. Weil die Wahrscheinlichkeit so gering ist, dass höheres Leben entstehen kann.

Die Noahgeschichte hat also durchaus Recht, wenn sie vom Wunder des Lebens spricht und darüber staunt, dass die Natur so zuverlässig und lebensfreundlich ist. Sie sieht dahinter die schützende Hand Gottes. Und wenn ich mir ansehe, wie viele „Zufälle" nötig waren, damit zunächst einmal nur ein funktionierendes Universum entstehen konnte und dann noch – vielleicht nur auf einem einzigen Planeten – Leben und schließlich intelligentes Leben, dann muss ich sagen: Soviel Glauben habe ich nicht, dass ich wirklich davon ausgehen würde, dass alles wäre rein zufällig entstanden. Da fällt es mir sehr viel leichter, an eine bewusste Schöpfung und einen Schöpfer zu glauben, der der das Leben nicht aus Ton geformt, aber von langer Hand geplant hat. Im Computerzeitalter würde man sagen: der das Leben programmiert hat, vielleicht schon vom ersten Moment des Universums an. Und darum glaube ich auch nicht, dass er es durch irgendeinen Zufall zerstören lässt. Das Leben wird bleiben und wird sich weiterentwickeln.

Es mag nur sein, dass es nicht unser Leben ist. Wir haben erstmalig die Möglichkeit, nicht nur uns selbst, sondern alles höhere Leben auf der Erde zu zerstören. Wir sind mächtig genug, um das Klima zu verändern, wir tun es langfristig wohl schon jetzt. Wir könnten aber auch durch einen Atomkrieg einen nuklearen Winter herbeiführen, und dann gäbe es für Hunderte von Jahren nicht mehr Saat und Ernte, Sommer und Winter. Wir können durch das Abschmelzen der Pole den Meeresspiegel so stark ansteigen lassen, dass ganze Länder im Meer versinken, das wäre wirklich eine neue Sintflut. Nur ist die dann nicht von Gott geschickt, sondern selbstgemacht.

Aber das muss nicht sein. „Ich glaube an Gott den Schöpfer“: das heißt heute nicht mehr nur, dass wir uns auf Gott verlassen nach dem Motto „Ihn, ihn lass tun und walten“, sondern auch, dass wir Verantwortung übernehmen für diese Schöpfung. „Und Gott nahm den Menschen und setzte ihn in den Garten Eden, dass er ihn bebaute und bewahrte“: dieser Satz aus der Schöpfungsgeschichte gilt heute mehr denn je. Wir sind nicht die Besitzer der Welt, die damit tun können, was sie wollen, wir sind Gärtner in Gottes Garten.

Wider die Resignation

1.Könige 19,1-9

Und Ahab sagte Isebel alles, was Elia getan hatte und wie er alle Propheten Baals mit dem Schwert umgebracht hatte. Da sandte Isebel Boten zu Elia und ließ ihm sagen: Die Götter sollen mir dies und das tun, wenn ich nicht morgen um diese Zeit dir tue, wie du diesen getan hast! Da fürchtete er sich, machte sich auf und lief um sein Leben und kam nach Beerscheba in Juda und ließ seinen Diener dort.

Er aber ging in die Wüste eine Tagereise weit und kam und setzte sich unter einen Wacholder und wünschte sich zu sterben und sprach: Es ist genug. So nimm denn, Herr, meine Seele, denn ich bin nicht besser als meine Väter. Und er legte sich hin und schlief unter dem Wacholder. Und siehe, ein Engel rührte ihn an und sprach: Steh auf und iss! Denn du hast einen weiten Weg vor dir. Und er sah sich um, und siehe, zu seinen Häupten lag ein geröstetes Brot und ein Krug mit Wasser. Und als er gegessen und getrunken hatte, legte er sich wieder schlafen.

Und der Engel des Herrn kam zum zweiten Mal wieder und rührte ihn an und sprach: Steh auf und iss! Denn du hast einen weiten Weg vor dir. Und er stand auf und aß und trank und ging durch die Kraft der Speise vierzig Tage und vierzig Nächte bis zum Berg Gottes, den Horeb.

Und siehe, da kam die Stimme Gottes zu ihm und sprach.

Resignation: das ist laut Brockhaus „ein Gefühl, das aus der Einsicht ausgelöst werden kann, dass ein angestrebtes Ziel trotz intensiver Bemühungen mit den zur Verfügung stehenden Mitteln nicht erreichbar ist". Also: wer resigniert ist, der hat sich einmal bemüht, der hat sich für etwas eingesetzt. Aber dann hat sich gezeigt, dass die Ziele zu hoch waren und die Kräfte zu klein, und nun ist er ausgebrannt, und es bleibt nur eine große innere Leere und Müdigkeit.

Es gibt wohl kaum eine andere Geschichte der Bibel, die das so eindrucksvoll klar macht wie die von Elia unter dem Wacholder. Elia, der eifernde Prophet, der sich sein Leben lang für Gott eingesetzt hat, während sein Volk anderen Göttern nachlief. Der sich auch nicht gescheut hat, Gewalt anzuwenden: Ein Kapitel vorher wird berichtet, dass er 450 Baalspropheten töten ließ. Und der sich alle zu Feinden gemacht hat bis hin zum König Ahab und seiner Frau Isebel. Am Ende bleibt ihm nur die Flucht, und er geht in die Wüste und setzt er sich unter einen Wacholder und sagt: Herr, es ist genug. „So nimm denn, Herr, meine Seele, denn ich bin nicht besser als meine Väter." Wer bin ich, dass ich glaubte, die Menschen ändern zu können!

Resignation: „…ein Gefühl, das aus der Einsicht ausgelöst werden kann, dass ein angestrebtes Ziel trotz intensiver Bemühungen mit den zur Verfügung stehenden Mitteln nicht erreichbar ist".

Ich denke, die meisten von uns kennen solche Phasen, in denen es nicht weiter geht, in denen wir „frustriert sind", wie man das heute nennt. Das lateinische Wort „frustra" steckt dahinter, das heißt „vergeblich": wir haben uns vergeblich bemüht. Wir haben uns angestrengt, aber alle Mühe war umsonst. Und dann möchte man am liebsten „alles hinwerfen", wie man sagt. Das muss man sich mal bildlich vorstellen: Das ist so, als ob jemand ein volles Tablett in den Händen trägt, mit Tellern und Tassen, und wenn man das dann hinwirft, das gibt Scherben und das scheppert, so dass auch die anderen es mitkriegen. Das gibt Tränen und Vorwürfe. Aber für den Moment ist man seine Last los. Und man hat die Chance, dass andere merken, wie man sich fühlt. Und einem vielleicht etwas abnehmen. Oder man wirft es nicht hin und trägt es weiter. Das kann dann aber die tiefere, schwerere Form der Resignation sein, denn da fehlt die Hoffnung, dass sich etwas ändern könnte. Da „findet man sich ab".

Elia jedenfalls behält seine Gefühle nicht für sich. Er klagt Gott seine Last. Wir finden das ja häufig in den Psalmen, dass der Beter Gott regelrecht anklagt und sagt: Warum hilfst du mir nicht? Siehst du denn nicht, wie es mir geht? Wir empfinden das vielleicht als grobe Unhöflichkeit. Darf man so mit Gott reden? Aber offenbar nimmt uns Gott das nicht übel. Er möchte ja, dass wir ihm alles sagen, auch das, was uns belastet. Jesus hat es im Gleichnis von der bittenden Witwe noch drastischer gesagt: Wir sollen Gott in den Ohren liegen und ihn um Hilfe bitten, so lange, bis er uns erhört. Das heißt nicht unbedingt, dass er alles tut, was wir von ihm erbitten. Und doch hoffen wir, dass er uns einen Ausweg zeigt, so dass wir neu beginnen können.

Aber erst einmal endet der Weg hier. Es ist Zeit für eine Rast. Elia legt sich unter einen Wacholderstrauch und schläft. ---

Elia wird in seinem Schlaf gestört. Ein Engel rührt ihn an und sagt: „Steh auf und iss! Du hast einen weiten Weg vor dir."

Ich empfinde diese Stelle immer wieder als sehr tröstlich. Da kommt ein Bote Gottes und hat einen wichtigen Auftrag für Elia. Aber er schickt ihn nicht gleich los, sondern gibt ihm erst mal zu essen und zu trinken, Brot und Wasser. Erst einmal muss er sich stärken. Und als er das getan hat, lässt er ihn noch einmal schlafen. Und behütet seinen Schlaf voller Geduld, und speist ihn dann noch ein zweites Mal.

Wenn wir mit Menschen zu tun haben, die resigniert sind, haben wir oft den Impuls zu sagen: Nur Mut! Wird schon wieder! Vielleicht sogar: Lass dich nicht so hängen! Denk positiv! So als fehlte nur ein kleiner Anschub, um sie in Gang zu setzen. Aber die wahrscheinlichste Ursache dafür, dass jemand sich überlastet fühlt, ist doch, dass er überlastet *ist*. Und das heißt: er braucht Entlastung. Er (oder sie) muss sich entpflichten, Aufgaben abgeben und auf einem einfacheren Level weiterleben. Da hilft es gar nichts, zu drängen und anzuschieben. Einem solchen Menschen muss man erst einmal zuhören und ihn stärken.

Und das gilt nicht nur für andere, das gilt nun wirklich auch für uns selbst. In dem schönen Morgenlied von Heinrich Albert, das wir am Anfang des Gottesdienstes gesungen haben, heißt es: „Hilf, dass ich an diesem Morgen / geistlich auferstehen mag / und für *meine* Seele sorgen." Es gibt auch Seelsorge an uns selbst. Wir haben den Auftrag, uns um unsere Seele zu kümmern. Einmal hinzuhören, was sie uns zu sagen hat: ob sie denn noch zufrieden ist, ob sie genug Luft bekommt, so dass sie frei atmen kann, oder ob sie allmählich unter der Last der Verpflichtungen in die Knie geht. Und wenn wir feststellen, dass es so ist, dann müssen wir so konsequent sein, uns Freiräume zu schaffen. Auch wenn wir noch so wichtig sind. Gerade, weil wir uns selbst und anderen wichtig sind. ---

Elia bekommt Zeit. Er darf essen, trinken und sich erholen. Und dann wird er wieder auf den Weg geschickt. Irgendwann ist der Moment gekommen, wo es weitergehen muss. Wo man unter seinem Wacholder hervorkommen muss und sich wieder auf den Weg macht. „Und Elia stand auf und ging durch die Kraft der Speise vierzig Tage und vierzig Nächte, bis er zum Berg Gottes kam, dem Horeb."

Eine schöne Geschichte. Eine bildhafte Geschichte, die uns deutlich macht: Das Leben ist kein Wettlauf, sondern ein weiter Weg. Und je länger ein Weg ist, desto mehr muss man darauf achten, die richtige Geschwindigkeit zu finden und ausreichend Pausen einzulegen. Ich habe früher mit Konfirmanden und Jugendlichen Freizeiten in den Alpen gemacht. Wir sind dabei viel gewandert. Aber das Wandern muss man erst einmal lernen. Konfirmanden, die neu waren, verstanden das erst gar nicht. Die sagten: Wir müssen doch schneller gehen, sonst kommen wir nicht auf den Gipfel! Manchmal haben wir sie eine Strecke vorgehen lassen. Irgendwann fanden wir sie dann am Weg wieder, völlig kaputt. Oft musste einer von den Mitarbeitern mit ihnen zurück ins Tal gehen. Die schafften den Weg auf den Gipfel nicht. Weil sie zu schnell waren. Weil sie den inneren Rhythmus nicht gefunden hatten, der dazu führt, dass man einen langen Atem hat. ---

Die Geschichte endet damit, dass Elia am Berg Horeb ankommt. Dort findet er Gott wieder. Gott spricht zu ihm noch einmal. Ganz anders, als er das erwartet hat: nicht im Erdbeben, nicht im Feuer und nicht im Sturm, sondern in der Stille. Und er sendet ihn noch einmal aus.

Manchmal ist es gar nicht so sehr der Stress, die Arbeitsbelastung, die uns müde macht. Manchmal liegt es daran, dass unser Glaube müde geworden ist, dass wir Gott aus den Augen verloren haben. Was haben wir nicht alles vom Leben erwartet, als wir jung waren! Es sollte doch etwas ganz Besonderes sein, nicht so mittelmäßig und normal, wie wir das an so vielen anderen erlebten und besonders an den Älteren. Ein Leben mit Gott, mit Jesus, der zu seinen Jüngern gesagt hat: Ihr seid das Salz der Erde, ihr seid das Licht der Welt! Und dann ist es doch anders gekommen, ist vieles mittelmäßig geworden oder misslungen, und wir haben festgestellt: Wir sind auch nicht besser als unsere Väter. Nicht, dass wir deshalb unseren Glauben verloren hätten. Aber er ist ein bisschen trauriger geworden, er hat Kraft verloren. Gott selbst ist uns ein Stück weit verloren gegangen. Wir hören seine Stimme nicht mehr. Wie kommt das? Und was kann man dagegen tun?

Vielleicht liegt es ja daran, dass es so viele andere Stimmen gibt, auf die wir hören. Dass wir so viele andere Dinge zu tun haben. Und Gott drängt sich nicht auf. Er spricht ausgesprochen leise. Man muss schon genau hinhören, um ihn zu verstehen. Man muss sich schon Zeit nehmen für ihn, man muss ihn schon wichtig nehmen. Denn sonst treten die Dinge an seine Stelle. Dinge, die sich aufblähen und wichtig machen und uns am Ende beherrschen und unser Leben eng machen.

Die Passionszeit, in der wir uns gerade befinden, ist eine gute Gelegenheit, wieder einmal auf die leisen Stimmen zu hören. Zeit auch, um mal wieder das wegzuräumen, was wir an Schuld und an belastenden Erlebnissen in uns tragen, und es Gott zu bekennen, aber auch den Menschen, an denen wir schuldig geworden sind. Und uns die Vergebung Gottes im Abendmahl zusprechen zu lassen – Wasser und Brot, Brot und Wein für den Weg. Um dann mit neuen Kräften weiterzugehen, voller Neugier auf das, was Gott uns noch zeigen will.

Eine einfache Heilung

2.Könige 5 in Auswahl

Naaman, der Feldhauptmann des Königs von Aram, war ein trefflicher Mann vor seinem Herrn und wert gehalten; denn durch ihn gab der HERR den Aramäern Sieg. Und er war ein gewaltiger Mann, jedoch aussätzig. Aber die Kriegsleute der Aramäer waren ausgezogen und hatten ein junges Mädchen weggeführt aus dem Lande Israel; die war im Dienst der Frau Naamans. Die sprach zu ihrer Herrin: Ach, dass mein Herr wäre bei dem Propheten Elisa in Samaria! Der könnte ihn von seinem Aussatz befreien.

Da ging Naaman hinein zu seinem Herrn und sagte ihm das weiter. Der König von Aram sprach: So zieh hin, ich will dem König von Israel einen Brief schreiben. Und er zog hin und nahm mit sich zehn Zentner Silber und sechstausend Goldgulden und zehn Feierkleider.

So kam Naaman mit Rossen und Wagen und hielt vor der Tür am Hause Elisas. Da sandte Elisa einen Boten zu ihm und ließ ihm sagen: Geh hin und wasche dich siebenmal im Jordan, so wird dir dein Fleisch wieder heil und du wirst rein werden. Da wurde Naaman zornig und zog weg und sprach: Ich meinte, er selbst sollte zu mir herauskommen und hertreten und den Namen des HERRN, seines Gottes, anrufen und seine Hand hin zum Heiligtum erheben und mich so von dem Aussatz befreien. Sind nicht die Flüsse von Damaskus besser als alle Wasser in Israel, sodass ich mich in ihnen waschen und rein werden könnte? Und er wandte sich um und zog weg im Zorn.

Da machten sich seine Diener an ihn heran, redeten mit ihm und sprachen: Lieber Vater, wenn dir der Prophet etwas Großes geboten hätte, hättest du es nicht getan? Wie viel mehr, wenn er zu dir sagt: Wasche dich, so wirst du rein! Da stieg er ab und tauchte unter im Jordan siebenmal, wie der Mann Gottes geboten hatte. Und sein Fleisch wurde wieder heil wie das Fleisch eines jungen Knaben und er wurde rein.

Um eine einfache Heilung geht es in unserem heutigen Predigttext aus dem 2.Buch der Könige. Naaman, der Heerführer des Königs von Aram, also des heutigen Syrien, ist ein mächtiger Mann und sehr angesehen. Aber dann wird er aussätzig und steht kurz davor, nicht nur sein Amt zu verlieren, sondern ganz aus der Gesellschaft ausgestoßen zu werden. Allerdings gibt es da eine junge Magd in seinem Haushalt, Kriegsbeute aus Israel, und die erzählt: Da gibt es einen Propheten in meiner Heimat namens Elisa, der kann Menschen heilen. Und nun ist wieder Hoffnung. Naaman geht also mit dieser Botschaft zu seinem König, der regelt das gleich auf höchster Ebene. Er gibt seinem Heerführer ein Empfehlungsschreiben an seinen Kollegen in Israel, sendet auch einen Haufen Geschenke mit, versehen mit der Bitte: Sorg dafür, dass mein Gefolgsmann geheilt wird.

Das ist also eine staatstragende Angelegenheit. Der israelitische König in seiner Hauptstadt Samaria ist gar nicht glücklich darüber, der liegt eigentlich im Clinch mit Elisa. Was nun, wenn der Prophet nicht willens oder nicht in der Lage ist, den fremden Hauptmann zu heilen, das kann sehr schnell Krieg geben!

Schließlich kommt Naaman mit großem Gefolge und immer noch Silber und Gold im Gepäck vor der Hütte des Propheten an. Schickt erst mal einen Boten zur Tür, um sich anzukündigen, und erwartet natürlich, dass der Prophet umgehend erscheint, um die Heilung vorzunehmen. Er ist ja schließlich nicht irgendjemand, sondern mindestens Privatpatient. Ist ja auch bereit, eine Menge zu bezahlen. Aber Elisa hält es nicht einmal für nötig, selbst zu erscheinen, sondern schickt nun seinerseits einen Boten vor die Tür, der lässt dem Heerführer ausrichten: Geh hin zum Jordan, wasche dich siebenmal im Fluss, dann wirst du rein.

Und da wird Naaman richtig sauer. Waschen kann mich auch zuhause, sagt er. „Ich meinte, er selbst sollte zu mir herauskommen und den Namen des HERRN, seines Gottes, anrufen und seine Hand hin zum Heiligtum erheben und mich so von dem Aussatz befreien." Also der hat sich schon seine Gedanken darüber gemacht, wie diese Heilung ablaufen soll. Das kann man nun nicht so nebenbei machen, das muss doch ein anständiges Ritual sein, damit es wirkt. Rituale gibt es ja nicht nur in der Religion, sondern auch in der Medizin. Lange Zeit gehörte sowieso beides zusammen, der Priester war auch der Heilkundige, und in manchen Ländern ist es bis heute so. Der afrikanische Sangoma, der Schamane der Naturvölker, der Medizinmann der Indianer, sie alle waren und sind teilweise bis heute sowohl Priester als auch Heiler. Und zu ihrer Heilkunst gehören Rituale, Beschwörungen, magische Worte, geheimnisvolle Handlungen, die nicht erklärt werden. Denn es ist ja Esoterik, also etwas, was nur der Wissende versteht, der in die Geheimlehre eingeweiht ist. Und der Patient, der es nicht versteht, kann es nur glauben, dass da etwas Heilsames mit ihm geschieht. Das ist überhaupt die wichtigste Aufgabe des Heilers, so zu handeln und zu reden und auszusehen, dass er glaubhaft ist.

In der modernen Medizin war das lange Zeit das auch nicht anders. Die „Halbgötter in Weiß", so wurden Krankenhausärzte noch bis vor kurzem genannt. Im priesterlichen Ornat, nur in Weiß statt in Schwarz. Mit ihrer ganz eigenen Sprache, lateinische oder griechische Begriffe, die man nicht versteht. „Ich verschreibe Ihnen da mal was Gutes," sagt der Arzt und schreibt ein Rezept aus, das kann man erst mal nicht lesen (die sogenannte Doktorhandschrift), und wenn man es lesen könnte, würde man es nicht verstehen, weil man ja nicht den Wirkstoff kennt, weil man ja gar nicht versteht, was da im Körper passiert. Es ist zwar mein Körper, es ist meine Gesundheit, aber der Arzt entscheidet darüber, was mit mir passiert, oft ohne mich zu fragen oder mich zu informieren. Denn er ist ja der Esoteriker, der die Geheimlehre kennt und begreift. Ich dagegen bin der Patient, also der, der passiv bleibt, der das Ganze über sich ergehen lässt. Der Patient, das bedeutet wörtlich übersetzt: der Leidende.

Diese Einstellung hat sich in der letzten Zeit zum Glück geändert. Immer mehr Patienten fragen den Arzt, was denn da eigentlich mit ihrem Körper passiert. Immer mehr Ärzte erklären es auch von sich aus, überlassen den Patienten die Entscheidung, welche Behandlung sie wollen. Und das ist wichtig. Das macht deutlich, dass wir selbst Verantwortung für unseren Körper, für unsere Gesundheit haben. Dass wir selbst etwas tun können.

Das wird im Predigttext sehr plastisch ausgedrückt. Der Prophet Elisa weigert sich, in die Rolle des Esoterikers zu schlüpfen. Er vollführt keine magischen Handlungen, wie Naaman es von ihm erwartet, stattdessen gibt er ihm einen Auftrag: Geh zum Jordan, wasche dich siebenmal. Geh selbst los, unternimm selbst etwas, tu selbst die ersten Schritte zu deiner Heilung. Das ist so einfach, dass Naaman es gar nicht glauben kann. Erst als seine Berater auf ihn einreden und sagen: Nun versuch's doch wenigstens mal, schaden kann es ja nicht, da geht er los und wäscht sich im Jordan, und siehe da, er wird vom Aussatz geheilt.

Nun geht es im Predigttext natürlich nicht darum zu behaupten, dass Jordanwasser automatisch Aussatz heilt, es geht tatsächlich um ein Wunder; die Geschichte ist Teil eines Sagenkranzes von Wundergeschichten um die Propheten Elia und Elisa, die im 8.Jahrhundert vor Christus lebten. Aber es ist doch auffällig, wie zurückhaltend da von Heilung gesprochen wird. Jeder Anschein von magischer Handlung, von Zauberei wird vermieden. Zauberei war in Israel verboten. Das ist die eigentliche Bedeutung des dritten Gebots: „Du sollst den Namen des Herrn nicht missbrauchen", nämlich in Zauberformeln, für Beschwörungen, nicht einmal um zu heilen. Auch das Neue Testament macht sehr deutlich, dass Jesus nicht Zauberei betreibt. Wenn er Menschen heilt, dann nur, indem er für sie betet oder ihnen die Heilung zuspricht: „Geh hin, dein

Glaube hat dir geholfen.“ *Dein* Glaube! Du selbst musst glauben! Du selbst musst hingehen, du selbst musst die ersten Schritte unternehmen zu deiner Heilung!

Das ist eine Aussage im Predigttext, die mir sehr deutlich geworden ist, gerade weil ich diesen Text mit in den Urlaub genommen habe. So ein Urlaub ist ja ein experimenteller Raum. Da hat man viel freie Zeit, man kann sein Leben weitgehend frei gestalten. Und da gab es im Urlaub zwei Gruppen. Die einen kamen so gegen 11 Uhr an den Strand und legten sich in die Sonne bis in den späten Nachmittag – die hatten wohl von Hautkrebs nie was gehört - und abends wurde gefeiert. Und dann gab es die anderen, die schwammen ihre Runden in Meer oder wanderten oder waren mit dem Rad unterwegs und aßen und tranken in Maßen. Das waren übrigens erstaunlicherweise eher die Älteren. Vielleicht ist es eine Frage der Reife.

Mir ist dabei deutlich geworden: Gesundheit ist nichts Kompliziertes. Man muss nicht ständig Pillen schlucken, man muss die Verantwortung auch nicht auf den Arzt abschieben. Im Grund entscheiden wir selbst ein ganzes Stück weit darüber, ob wir gesund sein, bleiben oder auch wieder werden wollen. Wir entscheiden darüber mit unserem Lebensstil. Wie man gesund bleibt, das wussten schon die alten Griechen. Schon der griechische Arzt Paracelsus hat drei Tipps gegeben, die man dabei beachten sollte:

- Sieh zu, dass du genug frische Luft bekommst
- Iss und trink in Maßen
- Halte Arbeit und Ruhe, Wachen und Schlafen im Gleichgewicht.

Im Grunde genommen wissen wir selbst, wo wir etwas für unsere Gesundheit tun oder wo wir ihr schaden. Wir wissen, was wir „eigentlich“ tun sollten und was wir eigentlich lassen sollten. Die Frage ist nur, ob aus dem „eigentlich" ein „wirklich" wird, ob wir das, was wir als sinnvoll erkannt haben, dann auch tun. Natürlich hat auch der vernünftigste Mensch keine Garantie auf ein langes und gesundes Leben. Es gibt Unfälle, es gibt Krankheiten, die vererbt werden. Man darf also nicht umgekehrt schließen, dass einer, der krank ist, falsch gelebt hat. Aber es gibt gewisse Wahrscheinlichkeiten. Wenn jemand sein Leben lang geraucht hat, sollte er nicht aus allen Wolken fallen, wenn er plötzlich Lungenkrebs bekommt. Wenn jemand 20 Kilo Übergewicht hat, sollte er sich nicht über kaputte Gelenke wundern. Wir haben Einfluss auf unsere Gesundheit, und wir haben dafür Verantwortung – vor unserer Familie, die uns noch braucht, und vor unserem Schöpfer, der uns das Leben gegeben hat und unseren Leib, damit wir uns um ihn kümmern.

Brich dem Hungrigen dein Brot

Jesaja 58,7-12

Brich dem Hungrigen dein Brot, und die im Elend ohne Obdach sind, führe ins Haus! Wenn du einen nackt siehst, so kleide ihn, und entzieh dich nicht deinem Fleisch und Blut! Dann wird dein Licht hervorbrechen wie die Morgenröte, und deine Heilung wird schnell voranschreiten, und deine Gerechtigkeit wird vor dir hergehen, und die Herrlichkeit des HERRN wird deinen Zug beschließen. Dann wirst du rufen und der HERR wird dir antworten. Wenn du schreist, wird er sagen: Siehe, hier bin ich.

Wenn du in deiner Mitte niemand unterjochst und nicht mit Fingern zeigst und nicht übel redest, sondern den Hungrigen dein Herz finden lässt und den Elenden sättigst, dann wird dein Licht in der Finsternis aufgehen, und dein Dunkel wird sein wie der Mittag.

Und der HERR wird dich immerdar führen und dich sättigen in der Dürre und dein Gebein stärken. Und du wirst sein wie ein bewässerter Garten und wie eine Wasserquelle, der es nie an Wasser fehlt. Und es soll durch dich wieder aufgebaut werden, was lange wüst gelegen hat, und du wirst wieder aufrichten, was vorzeiten gegründet ward; und du sollst heißen: »Der die Lücken zumauert und die Wege ausbessert, dass man da wohnen könne«.

Uralt ist die Mahnung: Wenn du zu essen hast und es dir gut geht, dann kümmere dich auch um die, die wenig oder gar nichts haben. Schon im Alten Testament gibt es soziale Gebote, zum Beispiel wird da gesagt: Wenn du Korn erntest, dann lass ein bisschen was stehen, damit die Armen es sich abholen können. Jesus nimmt unseren Jesaja-Text auf und zählt die christlichen Werke der Nächstenliebe auf: Hungrige speisen, Durstigen zu trinken geben, Fremde aufnehmen, Nackte kleiden, Kranke und Gefangene besuchen. Almosen zu geben zählt zu den fünf Säulen des Islam. Dass die Armen mit versorgt werden sollen, findet sich in den Heiligen Schriften fast aller Religionen.

Und das ist ja auch verständlich, zumindest war es verständlich in der Zeit, in der das Alte und das Neue Testament und dann auch der Koran geschrieben wurden. Bevor es also den Sozialstaat gab und als Arme, Arbeitslose und Witwen noch keinerlei gesetzlich geregelte Unterstützung bekamen, sondern auf Wohltätigkeit angewiesen waren. Aber die Frage ist: gilt das auch noch in unserer Zeit, in der die soziale Fürsorge ja längst staatlich geregelt ist? Gilt das auch in unserem Land, wo Armut ja nicht bedeutet, dass man verhungert, sondern dass man sozial benachteiligt ist?

Ich habe da an einigen Stellen Schwierigkeiten. Wenn ich in der Fußgängerzone von jungen Männern und Frauen angesprochen werden, die völlig gesund sind und ganz fröhlich fragen: „Hast du mal einen Euro?“ Da möchte ich manchmal sagen: „Klar, aber nur für Leute, die das Geld nötig haben“. Das tue ich dann natürlich nicht, sondern gehe ohne Kommentar weiter, so wie die meisten anderen Passanten das auch tun, vielleicht mit schlechtem Gewissen. Ich denke dabei an die ausgemergelten Gestalten, die in Johannesburg an den Ampeln standen und bettelten. Die waren wirklich am Verhungern und besserten nicht nur die Sozialhilfe auf. Oder ich denke an die Aidswaisen, die wir unterstützen. Und mache mir klar, dass es richtiger ist, gezielt zu helfen, als nur aus Verlegenheit zu geben.

Das hat eben zwei Seiten: auf der einen Seite die Verpflichtung abzugeben, zu teilen mit denen, die es wirklich brauchen. „Euer Überfluss diene ihrem Mangel" heißt es im Neuen Testament. Besitz verpflichtet dazu, sich um die Besitzlosen zu kümmern. Das kann man aber nicht umkehren und sagen: Dann kümmere ich mich also nicht um meinen Lebensunterhalt und lasse die Anderen für mich sorgen. Wenn man damit durchkommt, ist das nicht gut für unsere Gesellschaft. Es muss schon Anreize geben, sich seinen Lebensunterhalt selbst zu schaffen.

Es kann also nicht darum gehen, allen das Gleiche zu geben. Das mag in besonderen Gemeinschaften funktionieren, zum Beispiel in Klöstern (obwohl ich gehört habe, auch da gebe es schnell mal Streit, wer sich was leisten darf). Aber unserer menschlichen Natur entspricht eben doch mehr der Wettbewerb. Wer etwas leistet, möchte dafür auch etwas bekommen. Der Egoismus ist ein fester Bestandteil unseres Wesens. Auch Jesus geht davon aus, wenn er sagt: „Du sollst deinen Nächsten lieben wie dich selbst." Damit ist ja nicht gemeint: Du sollst erst mal anfangen, dich selbst zu lieben, und dann kannst du auch deinen Nächsten lieben (das ist ja dieser beliebte pseudopsychologische Schnack: Du musst erst mal dich selbst lieben, dann kannst du auch die Anderen lieben), sondern gemeint ist natürlich: So selbstverständlich, wie du dich selbst liebst, sollst du nun auch deinen Nächsten lieben.

Dass wir etwas aus uns machen wollen, dass wir auch uns etwas verdienen wollen, ist Grundbestandteil unseres Wesens. Daran ist etwa die sozialistische Idee gescheitert. Die ehemaligen kommunistischen Länder haben längst angefangen, den Privatbesitz und die Eigeninitiative zu fördern. Nun auch offiziell, denn die Machthaber hatten ja schon vorher durchaus nichts gegen Privilegien einzuwenden gehabt. Und dahinter steckt auch nicht nur materielles Denken. Es ist auch das Bedürfnis nach Freiheit, nach Selbstentfaltung, nach Erfolg und Ansehen. Wer sich nach Kräften bemüht, möchte etwas davon haben, möchte sehen, dass es sich lohnt.

Allerdings mag es sein, dass nun in den nächsten Jahren der Kapitalismus scheitert, weil zu viele Menschen, die überhaupt nichts produzieren, sondern nur spekulieren, zu leicht an Geld kommen. Es ist absolut nicht einzusehen, dass jemand, der an der Börse wettet (und zwar mit anderer Leute Geld) ein Hundertfaches verdient von dem, was ein Arbeiter am Fließband bekommt oder was eine Pflegerin im Altenheim mit harter Arbeit verdient.

Es geht also nicht um Almosen, es geht um Gerechtigkeit. Und da muss man sich den Predigttext noch einmal auf seinem zeitgeschichtlichen Hintergrund ansehen. Es ist die Zeit nach dem Babylonischen Exil, so um 500 vor Christus. Der Perserkönig Darius I hat kurz zuvor die Juden aus der Gefangenschaft nach Haus ziehen lassen. Nach 70 Jahren! Nur die Ältesten erinnern sich überhaupt noch an ihr Heimatland Israel. Aber die ganze Zeit über hat man diese Hoffnung von Generation zu Generation weitergegeben: Irgendwann kehren wir zurück in unser Land, in das Heilige Land. Man hat sich ausgemalt, wie schön das wird, wenn man wieder Jerusalem und den Tempel besuchen kann. Und wenn man wieder das eigene Land beackern kann.

Und jetzt ist diese Zeit endlich da, und sie sind wieder zu Haus. Nur: nichts ist so schön, wie man sich das ausgemalt hatte. Der Tempel liegt immer noch in Trümmern, die Stadtmauer ist nicht aufgebaut, auch der Palast des Königs steht noch nicht wieder. Diejenigen, die nicht in die Kriegsgefangenschaft geführt wurden, haben in den letzten 70 Jahren nicht allzu viel getan. Nur eins haben sie getan, sie haben natürlich das ganze Land unter sich aufgeteilt. Und die, die zurückkommen, müssen sehen, wie sie sich wieder eine Existenz aufbauen. Sie brauchen Land, sie brauchen ein Dach über den Kopf, sie brauchen etwas zu essen. Und das bedeutet zumeist: sie müssen sich als Tagelöhner verdingen bei denen, die nun das Land haben. Und die zahlen natürlich nicht besonders viel, denn es gibt viel mehr Arbeitssuchende als Arbeit.

Das heißt: Es herrscht eine große soziale Ungerechtigkeit, viele sind bettelarm, haben kein Dach über dem Kopf und nichts anzuziehen. Aber auch den Besitzenden geht es nicht besonders gut, denn das Land liegt in einem tiefen Unfrieden, es geht nicht aufwärts. Und die Frommen fragen: Warum? Warum hilft uns Gott nicht endlich?

An dieser Stelle meldet sich nun der Prophet zu Wort und sagt, was zu tun ist: „Brich dem Hungrigen dein Brot, führ den Obdachlosen in dein Haus, wenn du jemand nackt siehst, dann kleide ihn… Dann wird dein Licht hervorbrechen wie die Morgenröte und deine Heilung schnell voranschreiten und deine Gerechtigkeit wird vor dir hergehen."

Es geht nicht um Almosen, es geht um Gerechtigkeit. Eine Gesellschaft, in der jeder das Recht und die Möglichkeit hat, etwas aus seinem Leben zu machen. Auch das Recht, für harte Arbeit guten Lohn zu erhalten. Ich habe das Gefühl: Bei uns wird immer eine Seite stillschweigend weggelassen. Entweder die Leistung oder der Lohn. Es gibt Menschen, wenn die das Wort Leistung hören, fragen sie immer gleich: Wo kann ich die beantragen? Leistung ist dann immer Sozialleistung. Nach dem Motto: die Gesellschaft schuldet mir das. Nur: die Gesellschaft, das sind wir alle. Man kann nicht mehr aus dem Kuchen rausschneiden, als man reingebracht hat. Und das Andere ist: diejenigen, die arbeiten, dürfen auch nicht das Gefühl haben, die Dummen zu sein. Und wer

Arbeit will, muss auch die Möglichkeit haben, Arbeit zu bekommen. Wer Kinder hat und damit die Zukunft des Landes sichert, muss auch angemessen unterstützt werden. Und wer nur spekuliert und damit Arbeitsplätze gefährdet, muss auch zur Rechenschaft gezogen werden und mit seinem eigenen Vermögen haften, wenn er andere um ihr Geld oder um ihre Arbeitsplätze gebracht hat. Wo ungerechte Strukturen sind, wo die Gesetze keinen Schutz vor Willkür bieten, da kann nichts heil werden. Unter einem schmutzigen Verband wird die Wunde nicht heilen.

Die Worte des Propheten Jesaja erreichen uns aus einer Entfernung von 2500 Jahren. Immer noch feiern wir Erntedankfest. Immer noch freuen wir uns über Gottes Gaben. Und immer noch hören wir die Ermahnung: Teilt die Gaben Gottes gerecht, nur dann wird aus Reichtum auch Segen.

„Das Buch mit den sieben Siegeln"

Offenbarung 5,1-10

Und ich sah in der rechten Hand dessen, der auf dem Thron saß, ein Buch, beschrieben innen und außen, versiegelt mit sieben Siegeln. Und ich sah einen starken Engel, der rief mit großer Stimme: Wer ist würdig, das Buch aufzutun und seine Siegel zu brechen? Und niemand, weder im Himmel noch auf Erden noch unter der Erde, konnte das Buch auftun und hineinsehen. Und ich weinte sehr, weil niemand für würdig befunden wurde, das Buch aufzutun und hineinzusehen.

Und einer von den Ältesten spricht zu mir: Weine nicht! Siehe, es hat überwunden der Löwe aus dem Stamm Juda, die Wurzel Davids, aufzutun das Buch und seine sieben Siegel. Und ich sah mitten zwischen dem Thron und den vier Gestalten und mitten unter den Ältesten ein Lamm stehen, wie geschlachtet; es hatte sieben Hörner und sieben Augen, das sind die sieben Geister Gottes, gesandt in alle Lande. Und es kam und nahm das Buch aus der rechten Hand dessen, der auf dem Thron saß.

Und als es das Buch nahm, da fielen die vier Gestalten und die vierundzwanzig Ältesten nieder vor dem Lamm, und ein jeder hatte eine Harfe und goldene Schalen voll Räucherwerk, das sind die Gebete der Heiligen, und sie sangen ein neues Lied: Du bist würdig, zu nehmen das Buch und aufzutun seine Siegel; denn du bist geschlachtet und hast mit deinem Blut Menschen für Gott erkauft aus allen Stämmen und Sprachen und Völkern und Nationen und hast sie unserm Gott zu Königen und Priestern gemacht, und sie werden herrschen auf Erden.

Der Seher Johannes hat eine Vision von dem, was am Ende der Zeit geschehen soll. Und er sieht: der Himmel tut sich auf, ein Thron wird sichtbar, Gestalten werden erkennbar. Um den Thron herum vierundzwanzig Älteste in weißen Kleidern und vier Wesen, die Ähnlichkeit mit Tieren haben. Und sie alle huldigen gemeinsam dem, der auf dem Thron sitzt und unbeschreiblich ist.

Es ist eine fremde und geheimnisvolle Welt, in die uns die Offenbarung des Johannes führt, voll von Bildern und Symbolen, die schwer zu verstehen sind. Von daher ist die Offenbarung schon immer ein Tummelplatz von Sekten gewesen. Die Zeugen Jehovas etwa haben herausgelesen, dass die Welt im Jahre 1975 untergehen sollte, manche anderen Gruppen tippten auf das Jahr 2000 (dreimal 666, die Zahl des Teufels), inzwischen gibt es einen Schriftsteller namens Dan Brown, der so etwas in Romanen verwurstet, interessanterweise unter dem Vorzeichen der Aufklärung.

Ich habe den Eindruck: viele Christen stehen da so etwas hilflos daneben und wissen nicht, was sie sagen sollen. Wenn zum Beispiel Zeugen Jehovas ins Haus kommen und vom Ende der Welt reden, was macht man da? Die kennen ja auch die Bibel so genau, da kann man als evangelischer Normalverbraucher gar nicht mitreden!

An der Stelle eine kleine Entwarnung: die kennen die Bibel auch nicht genau, die haben sich nur die Stellen eingeprägt, die zu ihrer Botschaft vom Ende der Welt passen, also eben die Offenbarung und dann noch das Buch Daniel aus dem Alten Testament. Viel mehr wissen sie auch nicht. Oft kennen sie nicht mal ihre eigene Geschichte. Sonst wüssten sie, dass ihre Kirche den Weltuntergang schon seit 170 Jahren mit immer neuen Terminen ankündigt, ohne dass sie bisher untergegangen ist, jedenfalls soweit uns bekannt ist. Vielleicht machen Sie einmal auf diesen Umstand aufmerksam, wenn Sie Besuch von den Zeugen Jehovas bekommen. Vielleicht verhilft Ihnen diese Predigt ja auch zu Argumentationshilfen.

Schauen wir uns den Text zunächst einmal genauer an. Eine Szene, die im Himmel spielt, am Thron Gottes. Vierundzwanzig Älteste stehen um diesen Thron herum und vier Gestalten – es ist eigentlich gar nicht so schwer, sich diese Symbolik selbst zu erklären: die Vier als die Zahl der Himmelsrichtungen, die die ganze Welt symbolisiert; die vierundzwanzig Ältesten: zwei mal zwölf, also zu den zwölf Stämmen Israel kommen nun noch einmal zwölf hinzu, die die Heidenchristen aus aller Welt repräsentieren. Die Sprecher der ganzen Christenheit sind da vor Gott versammelt wie auf einem himmlischen Konzil.

Aber was ist das für ein geheimnisvolles Buch, das da „mit sieben Siegeln verschlossen" ist? Offensichtlich ist es ein wichtiges Buch, denn es wird lange nach jemandem gesucht, der würdig ist, es zu öffnen. Und indem die Siegel eins nach dem anderen aufgebrochen werden, werden die apokalyptischen Reiter losgeschickt, beginnen Mond und Sonne sich zu verfinstern und das Ende der Welt bricht an. Erst nachdem das letzte Siegel aufgetan ist, kann das Buch geöffnet werden. Denn dieses Buch beantwortet die letzten Fragen nach dem Sinn des Lebens und nach dem Ziel der Geschichte. Erst wenn die

Weltgeschichte zu Ende gegangen ist, kann man ihren Sinn verstehen. Bis dahin bleibt sie ein Buch mit sieben Siegeln.

Was mag da zu lesen sein in diesem Buch, wenn es geöffnet wird? Welchen Sinn hat das Leben, wo führt die Geschichte uns am Ende hin? Was hat Gott mit der Welt vor?

Das wird an dieser Stelle der Offenbarung nicht gesagt. Gesagt wird aber, wer die Schlüssel zu diesem Buch der Geschichte hat. Wer also die „Schlüsselfigur" der Geschichte ist: „Siehe, es hat überwunden der Löwe aus dem Stamm Juda, die Wurzel Davids, aufzutun das Buch und seine sieben Siegel."

Der Löwe ist das Symboltier Davids, Symbol der Größe und der Macht. Die Zeit Davids ist für die Israeliten immer eine besondere Heilszeit gewesen, niemals vorher und niemals nachher ist Israel so groß und mächtig gewesen wie zu seiner Zeit. Von daher haben sich viele Hoffnungen mit dem Namen David verbunden. Besonders in der späten Königszeit, als das Land immer wieder von Großmächten überrannt wurde und politisch völlig bedeutungslos geworden war, hat man auf einen Nachfolger, einen „Sohn Davids" gehofft, der Israel zu neuer Größe führen sollte. Die Titel „Messias" oder griechisch „Christos", die man dieser Hoffnungsgestalt gab, bedeuten beide dasselbe, nämlich „der Gesalbte", also im Grunde nicht mehr als „der König", denn gesalbt wurde man zum König. Und im Lauf der Zeit wurden die Hoffnungen, die man mit diesem Messias verband, immer größer, so dass er am Ende als König nicht nur für Israel, sondern für die ganze Welt erwartet wurde, der eine Heilszeit für alle Völker bringen sollte. Der die Geschichte zu einem guten Ende führen sollte.

Dieses Bild nimmt die Offenbarung auf und kehrt es gleichzeitig um. Denn als Johannes auf die Stelle blickt, wo der Löwe von Juda erscheinen soll, sieht er dort „ein Lamm, wie geschlachtet." Das „Lamm Gottes", wie Johannes der Täufer Jesus genannt hat.

Der Löwe ist ein Lamm! Das ist die überraschende Wendung, die die Offenbarung der Gestalt des Messias gibt. Die Welt wird nicht erlöst durch die mächtigen Kriegsherren, die den Knoten der Geschichte mit dem Schwert lösen wollen wie Alexander der Große oder auch die römischen Kaiser, die die Welt zu „befrieden" versuchten, indem sie sie mit ihren Armeen besetzten. Auch dadurch entsteht Friede, durch Unterdrückung, allerdings nur solange nicht eine andere Großmacht auftaucht. So wie es seit 2000 Jahren immer wieder geschehen ist, eine Großmacht hat die andere abgelöst, und immer war es mit Gewalt und Blutvergießen verbunden.

Aber die Rätsel der Geschichte lösen wir damit nicht. Dazu müssten wir wahrscheinlich lernen, das Ideal der Vorherrschaft aufzugeben und stattdessen eine ganz andere Art der Ethik zu entwickeln, nämlich eine Ethik der Verantwortung für das Ganze. Eine Ethik des Dienens! So wie Jesus es gesagt hat: „Wer unter euch groß sein will, der sei aller Diener." Eine Ethik der Friedfertigkeit und des sozialen Denken und nicht der Gewalt und der Raffgier, das könnten wir heute gebrauchen. Die meisten Probleme und Ängste, die wir in unserer Zeit haben, wären gelöst, wenn Menschen sich mehr auf die Ethik Jesu besinnen würden, statt für ihren Glauben zu töten oder um das goldene Kalb zu tanzen. ---

Löst Jesus die Rätsel der Geschichte? Ist das nicht eine Anmaßung zu behaupten, wo es doch so viele Weltanschauungen gibt und so viele Religionsgründer? Wäre es nicht toleranter zu sagen: Jeder von denen hat irgendwie recht?

Meine Antwort ist nein – natürlich nicht! Die Religionen geben doch völlig unterschiedliche Antworten, wie kann man das miteinander vereinbaren? Mohammed hat seine Religion doch nicht durch friedliche Überzeugungsarbeit verbreitet, sondern mit Feuer und Schwert. Er ist persönlich an der Spitze von 10.000 bewaffneten Reitern nach Mekka gezogen und hat die Stadt militärisch eingenommen. Er hat seine Religion nur mit Gewalt durchsetzen können, auch in seinem eigenen Land! Ich weiß, welche Argumente an dieser Stelle kommen: Natürlich hat es auch bei den Christen Gewalt gegeben, Stichwort: Kreuzzüge oder 30jähriger Krieg. Kriege, bei denen im Namen Christi Blut vergossen wurde. Aber es ist ein Unterschied, ob Machtdenken sich im Lauf der Jahrhunderte eingeschlichen hat, oder ob dieses Machtdenken von Anfang an zum Kern der Religion gehört, vom Religionsgründer selbst ausgeht.

Nein, wenn Jesus Recht hatte, dass Gottes Reich nicht durch Gewalt entsteht, dann hatte Mohammed Unrecht! Und genauso wenig ist es eine Lösung, dass man sich aus der Welt hinausflüchtet in die Meditation und die leiblichen Bedürfnisse des Menschen vergisst, wie es etwa der Buddhismus und der Hinduismus tun. Wenn Jesus recht hatte mit seinen Worten „Was ihr dem geringsten meiner Brüder getan habt, das habt ihr mir getan“, dann haben die fernöstlichen Religionen eben nicht recht, weil ihnen das soziale Denken, das Grundprinzip der Nächstenliebe und der Sorge auch für das leibliche Wohl fehlt.

Toleranz bedeutet doch nicht, dass alle Weltanschauungen gleich gültig sind. Das würde doch auch niemand behaupten, wenn es um den Bereich der Politik geht. Keine politische Partei, die etwas auf sich hält, würde sagen: Unser Programm ist auch nicht besser als das der anderen Parteien. Ohne Sendungsbewusstsein wird man es im Bereich der Politik nicht weit bringen. Nicht einmal in der freien Wirtschaft. Sogar Firmen formulieren heute ein „mission statement“. Das ist ein kirchlicher Begriff: ein Missionsauftrag, damit die Mitarbeiter ein Sendungsbewusstsein entwickeln für das das eigene Produkt, und sei es Coca Cola. Aber wenn es um Religion geht, um Glauben, um Grundfragen des Lebens, gilt es geradezu als unanständig, einen Wahrheitsanspruch zu stellen. Oder liegt es vielleicht gar nicht daran, dass für uns alle Glaubensrichtungen gleich gültig sind, sondern dass uns unser Glaube zunehmend gleichgültig geworden ist?

Nein, ich halte daran fest, dass Jesus von Nazareth und nur er die Schlüssel zum Buch des Lebens in der Hand hält. Ich halte daran fest, dass er der Menschheit gezeigt hat, wie Frieden und gelungenes Leben möglich wird für alle. Ich halte daran fest, dass er und nur er uns durch seinen Tod und seine Auferstehung den Weg zum ewigen Leben geöffnet hat. Das heißt nicht, dass ich andere Glaubensrichtungen nicht toleriere oder sogar bekämpfe – sie haben das gleiche Recht, für ihre Überzeugung einzutreten, möglichst mit friedlichen Mitteln. Aber es heißt, dass ich mich an diesen Glauben halte und mich daran festmache. Denn wenn ich einen festen Punkt habe, auf dem ich stehe, kann ich mich auch ganz gelassen auf dem Markt der Weltanschauungen umschauen, ohne gleich auf jede neue Mode hereinzufallen. Auch nicht auf die Mode, alles für gleich gültig zu halten. Wie hat Kierkegaard gesagt? „Wer sich mit dem Zeitgeist vermählt, wird bald Witwer sein."

„Das Leben ist erschienen"

1.Johannes 1,1-4

Was von Anfang an war, was wir gehört haben, was wir gesehen haben mit unsern Augen, was wir betrachtet haben und unsre Hände betastet haben, vom Wort des Lebens – und das Leben ist erschienen, und wir haben gesehen und bezeugen und verkündigen euch das Leben, das ewig ist, das beim Vater war und uns erschienen ist was wir gesehen und gehört haben, das verkündigen wir auch euch, damit auch ihr mit uns Gemeinschaft habt; und unsere Gemeinschaft ist mit dem Vater und mit seinem Sohn Jesus Christus. Und das schreiben wir, damit unsere Freude vollkommen sei.

Geradezu atemlos beginnt mit diesen Worten der 1. Johannesbrief. Man hat den Eindruck: da schreibt einer, der weiß gar nicht, wie er anfangen soll, was er zuerst erzählen soll, und so bricht er immer wieder ab und beginnt von vorn: „Was von Anfang an war, was wir gehört haben, was wir gesehen haben mit unsern Augen, was wir betrachtet haben und unsre Hände betastet haben, vom Wort des Lebens“ – und dann ordnet sich dieser Gedankensturm in den Worten: „Das Leben ist erschienen.“ Was für ein Satz: „Das Leben ist erschienen.“ Wie kann *das Leben* erscheinen? Wie sieht es denn aus?

Mir fällt dabei als erstes unser Krippenspiel ein, das uns heute schon die Konfirmanden aufgeführt haben. Diese ewig alte und ewig junge Geschichte von der Geburt des Kindes in Bethlehem. Neues Leben, das da mitten in der Nacht zur Welt kommt, und die Erwachsenen stehen um die Krippe und staunen es an. Dass die Geburt eines Kindes ein Wunder ist, verstehen alle, selbst die Kleinsten. „Das Leben ist erschienen“, das wird auch jeder sagen, der die Geburt der eigenen Kinder miterlebt hat.

Aber so sehr wir natürlich heute zu Heiligabend dieses Bild des Kindes vor Augen haben, geht es dem Verfasser des 1. Johannesbriefs doch nicht nur darum, von einem Neugeborenen zu sprechen, selbst wenn dieses Kind Jesus ist. Die Christen des ersten Jahrhunderts haben ursprünglich nicht Weihnachten gefeiert, sondern Epiphanias, wörtlich: das Fest der „Erscheinung“. Das Leben ist *erschienen,* in dem Menschen Jesus von Nazareth. In ihm hat Gott gezeigt, wie er sich menschliches Leben vorstellt.

Man darf diesen Satz ja nicht verstehen in dem Sinn: da war etwas, und wir haben gemerkt: Ach so, das ist das Leben. Sondern umgekehrt: das, was wir immer gesucht haben und was wir nie gefunden haben, das ist nun erschienen, das haben wir nun mit unseren eigenen Augen gesehen. Das ist uns so nah gekommen, das wir es betasten konnten, und davon wollen wir euch berichten, damit auch ihr es endlich erfahrt, was das ist: das Leben! Damit auch ihr leben könnt.

So begeistert, so überzeugt spricht der Verfasser des Johannesbriefes seine Leser an. So dass man fast einen Schritt zurückgeht und sagt: Ja, Moment mal. Wie kommst du darauf, dass du uns sagen könntest, wie wir leben sollen?
Was ist das überhaupt: das Leben? Da kann man doch ganz unterschiedliche Meinungen drüber haben. Biologen zum Beispiel haben sich auf fünf Erkennungsmerkmale geeinigt dafür, dass etwas lebt. Die beiden wichtigsten sind, dass man in der Lage ist, Nahrung zu verdauen und sich fortzupflanzen. Das mag alles notwendig sein, aber ist das schon Leben, dass man verdauen und sich fortpflanzen kann?

Manche gebrauchen dieses Wort ja so. Wenn sie zum Beispiel auf der Straße gefragt werden: „Wie geht's?“ – „Naja, man lebt.“ Das heißt: man schlägt sich irgendwie durch. Aber den meisten dürfte das ein bisschen wenig sein.

Leben ist doch mehr als existieren. Das ist doch ein Qualitätsbegriff! Und ich bin sicher, dass jeder zumindest einmal geträumt hat von einem ganz besonderen Leben, das eben nicht nur von einem Tag auf den anderen durchgestanden wird, sondern das sich lohnt, das lebenswert ist. Nur gibt man häufig mit der Zeit seine Erwartungen auf und nimmt eben doch das, was kommt, immer mit der Hoffnung, dass sich vielleicht doch noch eines Tages alles ändern könnte, dass dann plötzlich doch noch das Glück kommt und sich alles zum Besten wendet. Denn da fehlt doch noch was zum Leben!

Wolf Biermann schreibt in einem seiner Lieder:
„Das kann doch nicht alles gewesen sein /
das bisschen Sonntag und Kinderschrein /
das war nun das donnernde Leben.“

Dieses Gefühl kennen sicher viele Menschen, dass da noch „Leben ins Leben muss“. Die Frage ist nur, ob man ausgerechnet dem christlichen Glauben zutraut, dass er uns den Weg zum „donnernden Leben“ weist.

Wir haben ja in letzter Zeit häufig das schöne Adventslied „Macht hoch die Tür" gesungen. Mir ist aufgefallen, dass viele an einer Stelle einen falschen Text singen. Nämlich da, wo es um diesen Herrn geht, der kommen soll, und was von ihm zu erwarten ist: „...der Heil und *Segen* mit sich bringt." Das singen viele. „Segen", das klingt so schön fromm und mild und ein bisschen abgehoben. Da steht aber nicht Segen. Da steht "...der Heil und *Leben* mit sich bringt." Das bringt der mit sich: Leben! Richtiges lohnendes, spannendes, donnerndes Leben! „Ein volles, gedrücktes, gerütteltes Maß" hat Jesus seinen Jüngern versprochen, wenn sie ihm nachfolgen.

Ich glaube, viele können sich das gar nicht vorstellen, weil sie einfach nicht mehr in der Bibel lesen. Weil sie gar nichts mehr wissen über das Leben, das Jesus geführt hat und zu dem er Menschen eingeladen hat.

Aber genau das war die Erfahrung, die die ersten Christen gemacht haben. Das haben die Jünger so erlebt. Das waren ja auch keine blutarmen Stubengelehrten, die Jesus sich da zusammengesucht hat. Das waren handfeste Leute, Fischer, Steuereintreiber, sogar ein politischer Aufrührer war dabei. Die hätten sich von klugen Theorien wohl kaum beeindrucken lassen. Aber Jesus hat mit denen kein theologisches Oberseminar gemacht, der hat sie mitgenommen auf die Wanderschaft. Der hat sie teilnehmen lassen an seinem Leben, und das war so spannend, dass sie gar nicht mehr davon losgekommen sind. Da wurden Menschen heil, da wurden Traditionen in Frage gestellt, da wurde um die Wahrheit gestritten. Da war Gott mit Händen zu greifen. Das ist gemeint mit den Worten „Was unsere Hände betastet haben." Das war Leben zum Anfassen. Und wenn man sich in der Geschichte umsieht, wer die Kirche später geformt hat, dann findet man da keine blassen Theoretiker, die irgendwelche schönen Gedanken verbreitet hätten, sondern Menschen, die ihren Glauben mit allen Fasern gelebt haben. Paulus, der 30 Jahre lang kreuz und quer durchs Mittelmeer gereist ist, um seinen Glauben überall bekannt zu machen. Franz von Assisi, der seinen ganzen Besitz aufgab, um auszutesten, wie es ist, nur für Gott zu leben. Martin Luther, der für seine Überzeugung nicht nur seinen guten Ruf als Professor auf Spiel setzte, sondern Kopf und Kragen. Das war Leben, aufregend, anstrengend, aber zutiefst lohnend.

Das erlebt man allerdings nicht als Zuschauer. Auch nicht hier in diesem schönen Ambiente von Heiligabend. Man merkt es auch noch nicht, wenn man nur die Weihnachtsgeschichte hört vom Kind in der Krippe. Da muss man schon etwas weiterlesen und weiterhören, was aus diesem Kind wurde, wie es als Erwachsener Menschen zu einem ganz anderen Leben berufen hat. Warum es bis heute „Heil und Leben mit sich bringt". Aber davon ist in den Gottesdiensten des übrigen Kirchenjahres die Rede.

Die Regeln der Toleranz

Römer 15,1-7

Wir aber, die wir stark sind, sollen das Unvermögen der Schwachen tragen und nicht Gefallen an uns selber haben. Jeder von uns lebe so, dass er seinem Nächsten gefalle zum Guten und zur Erbauung. Denn auch Christus hatte nicht an sich selbst Gefallen, sondern wie geschrieben steht (Psalm 69,10): »Die Schmähungen derer, die dich schmähen, sind auf mich gefallen.«

Denn was zuvor geschrieben ist, das ist uns zur Lehre geschrieben, damit wir durch Geduld und den Trost der Schrift Hoffnung haben. Der Gott aber der Geduld und des Trostes gebe euch, dass ihr einträchtig gesinnt seid untereinander, Christus Jesus gemäß, damit ihr einmütig mit einem Munde Gott lobt, den Vater unseres Herrn Jesus Christus.

Darum nehmt einander an, wie Christus euch angenommen hat zu Gottes Lob.

Um die Frage der Toleranz geht es in unserem Predigttext. Wie ist das, wenn Menschen unterschiedlich glauben, unterschiedliche Überzeugungen haben? Muss man darüber streiten, oder soll man sich gütlich einigen nach dem Motto: Irgendwo hat jeder recht („Paragraph eins: Jeder glaubt seins")?

Das Problem ist vielen erst richtig bewusst geworden ist durch den sogenannten „Karikaturenstreit": einige eher unbedarfte Karikaturen des Propheten Mohammed hatten in der muslimischen Welt eine Reaktion ausgelöst, die der westlichen Welt völlig unverständlich war. In den Talkshows und Leitartikeln, die seitdem bei uns kursieren, geht es meist um die Gegensatzpaare „Fundamentalismus gegen Pressefreiheit", „Toleranz gegen Intoleranz" und teilweise sogar „Christentum gegen Islam".

Nun haben die dänischen Journalisten, die die Karikaturen veröffentlicht haben, mit Sicherheit keine Lanze für das Christentum brechen wollen, und die radikalen Mullahs, die fast schon zum Heiligen Krieg aufriefen, waren auch keine typischen Vertreter des Islam, sondern spielten eher ein politisches Spiel. Und trotzdem ist es durchaus eine Grundsatzfrage, die hier gestellt wird: Was bedeutet eigentlich „Toleranz"? Wie ist sie begründet, und wo liegen ihre Grenzen? Und wie gehen wir mit Menschen um, die uns gegenüber intolerant sind? Sollen wir sie auch tolerieren? Oder gilt der Grundsatz „Null Toleranz für Intoleranz?"

Um diese Frage geht es in unserem Predigttext. Auch in der christlichen Gemeinde in Rom gibt es zwei konkurrierende Gruppen, nennen wir sie mal die Traditionalisten und die Liberalen. Die Traditionalisten nehmen die Bibel ganz genau. Die Bibel, das ist zu dieser Zeit natürlich das Alte Testament, das Neue Testament entsteht ja erst. Und dort, im Alten Testament, ist sehr genau festgelegt, wie man sich als frommer Mensch zu verhalten hat. Was man essen darf und was nicht, wann man arbeiten soll und wann beten, das ist sehr genau geregelt im „Gesetz“, also in den 10 Geboten und in zahllosen Ausführungsbestimmungen innerhalb der fünf Bücher Mose. Diese Gebote, so sagen die Traditionalisten, gelten noch. Schließlich stehen sie in der Bibel, und am Wort Gottes darf man nicht rütteln. Wir nennen diese Einstellung heute „Fundamentalismus“.

Ja Moment, sagen dagegen die Liberalen. Diese Gebote gelten doch nur für die Juden. Jesus selbst hat doch gesagt, dass die Liebe zu Gott und zum Nächsten alle anderen Gebote in sich einschließt. Wer sich daran hält, der braucht keine weiteren Vorschriften, der weiß von selbst, was richtig ist. Der lebt in der Freiheit des Glaubens. Also sind die Christen nicht an das jüdische Gesetz gebunden.

Was schreibt nun Paulus dazu? Man muss sich klarmachen, dass er eigentlich auf die Seite der Liberalen gehört. Er ist sogar ihr Vordenker. Der ganze Römerbrief handelt von diesem Thema Freiheit. Aber nun bemüht er sich, zwischen diesen beiden Gruppen zu vermitteln.

Und das Erste, was er sagt, ist: „Nehmt einander an, wie Christus uns angenommen hat.“ Also: Akzeptiert euch gegenseitig! Lebt nach euren unterschiedlichen Standpunkten und bleibt trotzdem zusammen. Er sagt nicht: Gebt euren Standpunkt auf. Er sagt auch nicht: Es ist unwichtig, was ihr denkt und lebt. Er selbst tut ja alles, um die Gemeinde von seinem Standpunkt zu überzeugen, also um die Traditionalisten auf seine Seite zu ziehen. Aber er sagt: So notwendig die Auseinandersetzung ist, sie darf doch nicht dazu führen, dass ihr euch als Menschen gegenseitig ablehnt oder den Anderen ihre Frömmigkeit bestreitet. Als Menschen gehört ihr zusammen, über alle Meinungsverschiedenheiten hinweg.

Das muss man sich klarmachen. Toleranz bedeutet: Ich nehme den Anderen als Menschen an, ich lasse ihn gelten, wie er ist. Es heißt aber nicht, dass ich meine Überzeugung aufgebe oder sie verschweige. Jesus hat ja auch nicht zu Zachäus gesagt: Ich finde es ganz toll, was du so machst, dass du als Oberzöllner mit den Römern kooperierst und deinen eigenen Landsleuten das Geld aus der Tasche ziehst. Sondern er hat gesagt: Ich komme trotzdem in dein Haus und habe Gemeinschaft mit dir. Und wenn Zachäus anschließend verspricht: Ich gebe alles Geld zurück, das ich unrechtmäßig genommen habe, und darüber hinaus gebe ich die Hälfte von meinem Besitz den Armen – dann ist das kein Zufall, sondern genau das hat Jesus gewollt. Er wollte Zachäus dort abholen, wo er war, aber eben nicht, um da stehen zu bleiben, sondern um ihn zu überzeugen, um ihn weiterzuführen.

Toleranz heißt: ich nehme den Anderen als Menschen an. Es heißt nicht: Ich akzeptiere, dass seine Meinung genauso richtig ist wie meine. Gandhi, der Apostel der Gewaltlosigkeit, hat nie gesagt: Die Südafrikaner oder die Engländer haben ja irgendwie auch recht mit ihrem Standpunkt, dass Weiße mehr Privilegien verdient haben als Schwarze oder Inder. Er hat alles getan, um sie von seinem Standpunkt zu überzeugen, bis hin zum Generalstreik. Er hat das als Kampf verstanden, nur eben als Kampf ohne das Mittel der Gewalt. Er hat aber auch gesagt: Das, was uns in unserer Überzeugung trennt, soll nicht zwischen uns als Menschen stehen. Er hat gesagt: Wenn die Engländer aus Indien abziehen, sollen sie als Freunde gehen. Und die Engländer sind gegangen, nicht ganz freiwillig, aber Indien ist im Commonwealth geblieben. Die Arbeiter in England und viele andere Menschen in Europa haben Gandhi als ihren Helden gefeiert. Er hat sie überzeugt.

Toleranz heißt nicht, seine Überzeugung fallenzulassen. Man darf Toleranz nicht mit Gleichgültigkeit verwechseln. Gleichgültigkeit bedeutet: Ich bin zu faul, sich für meine Überzeugung einzusetzen. Wenn Friedrich der Große gesagt hat „In meinem Staat kann jeder nach seiner Fasson selig werden“, meinte er damit: Religion interessiert mich nicht. Alles nur Pfaffengezänk! Friedrich der Große war durchaus kein toleranter Mensch, jeder Deserteur musste das erfahren. Aber der Glaube war ihm schlicht egal. Ich habe den Eindruck, dass viele heute so „tolerant“ sind, weil sie einfach zu träge oder zu frustriert sind, um sich für ihre Überzeugung einzusetzen. Das ist ja auch verständlich: Wer sich „outet“, wer für etwas einsteht, macht sich angreifbar. Er riskiert, abgestempelt, eingeordnet, beschädigt zu werden. Vielleicht liegt es daran, dass heute so viele Menschen Karriere machen, die keinen festen Standpunkt vertreten. Alles, was irgendeiner Seite nicht passen könnte, wird weggelassen. Auf die Weise bekommt man von allen Unterstützung. Nur: jeder Fortschritt in der Geschichte ist dadurch entstanden, dass Menschen Stellung bezogen haben. Galilei hat auch nicht gesagt: Mag sein, die Erde dreht sich um die Sonne; vielleicht ist es aber auch umgekehrt – mit so viel Offenheit wäre er sicher nicht verurteilt worden. Aber wir würden immer noch glauben, dass die Erde eine Scheibe ist, wenn es nicht Wissenschaftler gegeben hätte, die sich für ihre Überzeugung eingesetzt hätten. Diese Auseinandersetzung war notwendig, auch wenn sie ein Menschenleben gekostet hat. Allan Boesak, der schwarze südafrikanische Bürgerrechtler, hat einmal gesagt: „Am Ende werden wir vor Gott treten, um beurteilt zu werden. Und Gott wird uns fragen: Wo sind eure Wunden? Wir werden erwidern: Wir haben keine Wunden. Darauf wird Gott uns fragen: Gab es nichts, wofür es wert gewesen wäre zu kämpfen?“ Toleranz ist nicht Gleichgültigkeit, auch nicht Duckmäusertum. ---

Nun kommt in unserem Predigttext ein weiterer Gedanke hinein. In Vers 1 heißt es: Wir aber, die wir stark sind, sollen das Unvermögen der Schwachen tragen und nicht Gefallen an uns selbst finden.“ Die Starken, zu denen Paulus auch sich selbst zählt, sind in diesem Fall die Liberalen, die nicht an Gesetze gebunden sind. Die keine Vorschriften haben, was koscher ist und was trefe, also unrein ist, die Schweinefleisch essen dürfen und Wein trinken dürfen, die sind stärker als die Anderen, die nicht frei sind, über ihr Verhalten selbst zu entscheiden. Das kann man natürlich auch falsch verstehen: wenn jemand Alkoholiker ist und dann sagt „ Ich bin frei, ab und zu mal ein Gläschen Wein zu trinken " – der macht sich was vor. In Wirklichkeit ist er tief abhängig, für ihn wäre es besser, er würde sich an ein Gesetz halten, nämlich keinen Tropfen Alkohol zu trinken. Oder wenn jemand sagt: Die Muslime, die müssen ja beten, sogar fünfmal am Tag; ich dagegen bin frei, zu beten, wann immer ich will – aber in Wirklichkeit betet er nie, so dass sein Glaube verkümmert ist wie eine Zimmerpflanze, die nie Wasser kriegt: der macht sich was vor. Für ihn wäre es besser, er würde sich feste Zeiten zum Beten reservieren.

Mit den „Starken im Glauben" meint Paulus Menschen, die wirklich frei sind, ihren Glauben selbst zu gestalten, die keine Gesetze brauchen und sich trotzdem christlich verhalten, die die Bibel nicht fundamentalistisch verstehen und trotzdem ganz ernst nehmen. So sollte eigentlich verantwortlich gelebter Glaube sein. Dann ist er jeder Gesetzesreligion und jedem Fundamentalismus überlegen.

Und nun geht Paulus gedanklich noch einen Schritt weiter. Er schreibt: Ihr, die ihr stark seid, sollt das nicht dazu ausnutzen, um euch überlegen zu fühlen und andere zurechtzuweisen, sondern ihr sollt „das Unvermögen der Schwachen tragen" – also Verantwortung übernehmen für die anderen, die nicht eure innere Freiheit haben.

Das ist eine ganz konkrete ethische Weisung zum Beispiel für den Umgang mit Muslimen, auch und gerade mit fundamentalistischen Muslimen. Rücksicht zu nehmen auf die besondere Anfälligkeit eines solchen fundamentalistischen Glaubens.

Als im 16. Jahrhundert die Spanier und Portugiesen nach Mittel- und Südamerika kamen, starben mehr als zwei Drittel der dortigen Ureinwohner.

Und zwar nicht so sehr durch Waffen, sondern an Krankheiten. Durch Bakterien und Viren, die die Europäer mitbrachten. Die für sie selbst harmlos waren. Aber die Indios, die keine Abwehrstoffe dagegen hatten, starben daran.

Wir müssen uns klarmachen, dass wir als Europäer, als Vertreter der westlichen Welt Viren in uns tragen, die für uns harmlos sind (oder bereits vor langer Zeit zur Krankheiten geführt haben), die aber im Bereich des Islam verheerende Folgen haben. Ich rede von der Aufklärung, vom Pluralismus, auch von einem bestimmten Umgang mit dem Glauben und mit Gott, der für Muslime unerträglich ist. Der kritische Umgang mit den Heiligen Schriften, so wie wir es seit mehr als 100 Jahren kennen, ist völlig ungewohnt im Islam, wo der Koran als verbal inspiriert gilt. Da darf kein Wort infrage gestellt werden, das hätte Folgen nicht nur für den Glauben, sondern für den ganzen Staat, denn der basiert häufig auf den uralten Gesetzen des Korans. Das ist ein tödliches Virus, wenn unser bibelkritisches Denken da hineinkommt. Oder der laxe Umgang mit Gott, mit religiösen Symbolen, den wir uns hier so angewöhnt haben – das ist für strenggläubige Muslime eine tödliche Beleidigung Gottes, die man nur durch den Tod wiedergutmachen kann. Die Bedrohung für islamisch geprägte Staaten liegt nicht in einem engagierten, missionarischen Christentum, das sich selbst ernst nimmt; es liegt in einer entchristlichten Gesellschaft, die das religiöse Lebensgefühl selbst in Frage stellt .

An dieser Stelle müssen wir uns klarmachen, dass wir mit unseren Urlaubsreisen, unseren weltweiten Fernsehsendungen, unserer Literatur einen Sprengsatz in diese Länder bringen, der weitaus verheerender wirkt als die Selbstmordattentate, denen wir hier ausgesetzt sind. Auch da gilt das Prinzip des Paulus für uns. Wir, die wir stark sind (die wir mit Spannungen leben können, Pluralismus gelernt haben, deren Weltbild Sprünge bekommen hat), wir sollen lernen, Rücksicht zu nehmen auf Menschen, die diese Spannungen nicht oder noch nicht ertragen können. Es gibt viel berechtigte Kritik an der christlichen

Mission in der Dritten Welt während des 19. Jahrhunderts, die verbunden war mit dem Versuch, anderen Völkern die europäische Kultur überzustülpen. Aber es stand wenigstens ernsthafter Glaube und durchdachtes Gedankengut dahinter. Was wir heute exportieren, ist bestenfalls Subkultur: Face Book und Coca Cola. Dass Menschen, die in der Regel viel ärmer sind als wir, aber doch wenigstens einen Lebensrahmen haben, der ihnen von Religion, Kultur und Tradition vorgegeben wird, allergisch reagieren auf diesen Angriff auf ihre Werte, das ist doch nur verständlich.

Toleranz heißt nicht: Jeder kann machen, was er will. Toleranz heißt: Nehmt die Würde und die Werte anderer Menschen ernst. Es heißt auch: Nehmt eure eigene Würde und eure eigenen Werte wieder wahr, damit ihr zumindest ernstzunehmende Gesprächspartner seid.

"Überprüfung eines Vorurteils"

Predigt über Lukas 7,36 -50

Es bat ihn aber einer der Pharisäer, bei ihm zu essen. Und er ging hinein in das Haus des Pharisäers und setzte sich zu Tisch.
Und siehe, eine Frau war in der Stadt, die war eine Sünderin. Als die vernahm, dass er zu Tisch saß im Haus des Pharisäers, brachte sie ein Glas mit Salböl und trat von hinten zu seinen Füßen, weinte und fing an, seine Füße mit Tränen zu benetzen und mit den Haaren ihres Hauptes zu trocknen, und küsste seine Füße und salbte sie mit Salböl.
Als aber das der Pharisäer sah, der ihn eingeladen hatte, sprach er bei sich selbst und sagte: Wenn dieser ein Prophet wäre, so wüsste er, wer und was für eine Frau das ist, die ihn anrührt; denn sie ist eine Sünderin.

Jesus antwortete und sprach zu ihm: Simon, ich habe dir etwas zu sagen. Er aber sprach: Meister, sag es!

Ein Gläubiger hatte zwei Schuldner. Einer war fünfhundert Silbergroschen schuldig, der andere fünfzig. Da sie aber nicht bezahlen konnten, schenkte er's beiden. Wer von ihnen wird ihn am meisten lieben?

Simon antwortete und sprach: Ich denke, der, dem er am meisten geschenkt hat. Er aber sprach zu ihm: Du hast recht geurteilt. Und er wandte sich zu der Frau und sprach zu Simon: Siehst du diese Frau? Ich bin in dein Haus gekommen; du hast mir kein Wasser für meine Füße gegeben; diese aber hat meine Füße mit Tränen benetzt und mit ihren Haaren getrocknet.

Du hast mir keinen Kuss gegeben; diese aber hat, seit ich hereingekommen bin, nicht abgelassen, meine Füße zu küssen. Du hast mein Haupt nicht mit Öl gesalbt; sie aber hat meine Füße mit Salböl gesalbt.

Deshalb sage ich dir: Ihre vielen Sünden sind vergeben, denn sie hat viel Liebe gezeigt; wem aber wenig vergeben wird, der liebt wenig. Und er sprach zu ihr: Dir sind deine Sünden vergeben.

49 Da fingen die an, die mit zu Tisch saßen, und sprachen bei sich selbst: Wer ist dieser, der auch die Sünden vergibt? Er aber sprach zu der Frau: Dein Glaube hat dir geholfen; geh hin in Frieden!

Der amerikanische Bischof Philipp Potter pflegte zum Thema Vorurteile ein Erlebnis zu erzählen, mit dem er stets große Heiterkeit hervorrief: Zu einer Zeit, als man den Atlantik noch nicht in ein paar Stunden mit dem Flugzeug überquerte, unternahm er einmal eine Schiffsreise nach Europa. Als er an Bord ging, stellte er fest, dass er seine Kabine mit einem Fremden teilen musste. Er sah sich also die Kabine und den Mitreisenden an, anschließend ging er zum Zahlmeister und bat ihn, doch lieber seine goldene Uhr und ein paar andere Wertgegenstände im Safe einzuschließen.

Der Zahlmeister nickte freundlich und sagte: „Das tue ich gern für Sie. Übrigens: Ihr Nachbar war auch schon hier.“

Vorurteile! Wem kann man trauen, und wem kann man nicht trauen? Wir sehen uns einen Menschen an, und schon haben wir ein Bild von ihm. Ordnen ihn ein, so wie man Dinge in Schubladen legt und draufschreibt: “Wichtig”, “nicht so wichtig” oder “mit Vorsicht zu genießen”. Wir haben natürlich Gründe, so zu reagieren: wir haben unsere Erfahrungen gemacht, und immer dann, wenn wir einem Unbekannten begegnen, ruft das Erinnerungen in uns hervor an frühere Begegnungen. Und das ist ein ganz wichtiger Reflex – das hilft uns, Situationen schnell einzuschätzen und spontan zu reagieren.

Das Problem ist nur: diese spontane Einordnung ist natürlich sehr grob. Es ist kein begründetes Urteil, es ist ein Vor-Urteil. Das man überprüfen muss, indem man sich Zeit nimmt, den Anderen richtig kennen zu lernen. Aber häufig kommt es nicht dazu. Das Vorurteil ist so stark, dass man den Menschen dahinter nicht mehr wahrnimmt.

Auch in unserem Predigttext geht es um Vorurteile. Die Hauptakteure laden geradezu dazu ein, sie in Kategorien einzuordnen. Da ist der Gastgeber, in dessen Haus Jesus einkehrt. Ein Pharisäer, also: ein frommer Mann; ein Gerechter, der sich genau an das Gesetz hält. So hätte man zur Zeit des Neuen Testamentes gesagt. Wir würden heute wahrscheinlich spontan vermuten: ein Heuchler; ein Gegner Jesu; jemand, der ihn aufs Glatteis führen will. Das Bild vom Pharisäer hat sich also geändert, aber es ist immer noch ein Vorurteil.

Und dann ist da diese Frau. Eine Sünderin, so wird gesagt. Es ist nicht ganz klar, was an dieser Stelle damit gemeint ist. Möglicherweise eine Frau, die in einer “wilden Ehe” lebt, ohne verheiratet zu sein. Vielleicht auch eine Prostituierte. Jedenfalls eine, die nicht in anständige Gesellschaft gehört.

Und schließlich ist da Jesus selbst. Ein Prophet, so glaubt zumindest der Gastgeber zu wissen, also: ein heiliger, sittenstrenger, unbestechlicher Mann. Einer, der diese Frau sofort durchschauen müsste. Und damit ist im Grunde genommen die Geschichte vorgegeben. "Wäre dieser ein Prophet, so wüsste er, was für eine Frau das ist, denn sie ist eine Sünderin". Jemand, den man abweisen muss, von dem man sich anständigerweise nichts schenken lässt und sich erst recht nicht salben lässt. Er kann sie nur wegschicken.

Und Jesus durchbricht dieses vorgegebene Verhaltensschema. Er tut es, indem er sich zunächst an den Gastgeber wendet und ihn mit seinem Namen anredet: "Simon, ich habe dir etwas zu sagen".

Der Pharisäer hat also einen Namen! "Simon" heißt er. In der Parallelstelle bei Markus wird sogar noch sein Beiname genannt: "Als Jesus im Hause Simons des Aussätzigen war", steht da. Der Mann hat also auch eine persönliche Geschichte. Einer, der einmal krank war, aussätzig war. Nicht mehr dazugehörte. Und der offensichtlich wieder geheilt worden ist, sonst könnte er nicht Gastgeber sein. Eigentlich müsste Simon wissen, was das heißt, draußen zu stehen. So wie diese Frau draußen steht, sozial geächtet ist.

Und darum spricht Jesus ihn an und fragt: "Siehst du diese Frau?" Also: Schau sie dir doch erst man an, und prüf doch mal nach, ob sie deinem Vorurteil entspricht! Stimmt denn die Schablone der "Sünderin" überhaupt, die du da so bereitwillig benutzt? Wie ist das mit ihrem und deinem Verhalten? "Ich bin in dein Haus gekommen, und du hast mir kein Wasser für die Füße gegeben. Aber sie hat diese meine Füße mit Tränen benetzt und mit ihren Haaren getrocknet. Du hast mir keinen Kuss gegeben, aber sie hat meine Füße geküsst. Du hast mein Haupt nicht gesalbt, aber sie hat meine Füße mit Salböl gesalbt."

Das ist kein Vorwurf gegen Simon. Er hat keine Gastgeberpflicht verletzt. Es ist nicht üblich, dass der Hausherr den Gästen die Füße wäscht. Das ist Sache der

Sklaven. Auch der Begrüßungskuss ist keine Pflicht. Es sei denn, es handelt sich um einen besonders geehrten Gast oder einen guten Freund. Erst recht die Salbung des Hauptes. Wer kann sich das schon leisten, jedem Gast das Haupt zu salben! Also: Simon hat durchaus korrekt gehandelt. Aber das ist es gerade: diese armselige Korrektheit! Diese Pflichtübung des Frommen, der ganz genau weiß, wie man sich richtig verhält, der es aber nicht hinkriegt, sich einmal hinreißen zu lassen! Einmal spontan, aus Freude heraus mehr zu tun, als vorgeschrieben ist.

Wie diese Frau, die vielleicht nicht weiß, wie man sich anständig benimmt, aber die aus vollem Herzen bereut und glaubt und liebt und opfert, nicht zuletzt sich selbst opfert; sich der Kritik, der Lächerlichkeit preisgibt, dem Risiko, zurückgewiesen zu werden. Weil sie hingerissen ist von Jesus, von seiner Botschaft und seiner Einladung zum neuen Leben. Sie ist im Grunde eines der Kinder, die Jesus den Anderen zum Vorbild macht, der Kleinen, denen das Reich Gottes gehört. Weil sie mit ganzem Herzen glauben. –

Wer steht im Mittelpunkt unseres Predigttextes? Eigentlich ist es nicht die Frau, sondern Simon der Pharisäer. Ihn versucht Jesus zu überzeugen. Und dazu erzählt er ihm ein Gleichnis, das uns sicher gut bekannt ist, das Gleichnis von den beiden Schuldnern. In dieser etwas weniger bekannten Version bei Lukas ist es ein Geldverleiher, dem sie etwas schulden, der eine 500 Silbergroschen, der andere nur 50. Also: Jesus schert da durchaus nicht über einen Kamm. Es gibt tatsächlich einen Unterschied zwischen dem Gerechten und dem Ungerechten. Simon der Pharisäer hat tatsächlich ein besseres, anständigeres Leben geführt als diese "Sünderin". Aber das ändert nichts an der Tatsache, dass beide ihre Schuld nicht zurückzahlen können, dass sie vor Gott nicht bestehen können. Und in dem Moment, als ihnen beiden vergeben wird, da dreht sich auf einmal die Rechnung um: Der Schuldigere bekommt sehr viel mehr geschenkt als der

Gerechtere. Und das ist ein Stück Ungerechtigkeit. Jedenfalls könnte der Gerechtere das so empfinden.

Noch einmal: Es ist der Pharisäer, den Jesus zu gewinnen versucht, der Fromme. Ihn lädt Jesus ein, hinter der Mauer seiner frommen Pflichterfüllung hervorzukommen und seine Mitmenschen mit anderen Augen anzuschauen.

Der jüdische Religionsphilosoph Martin Buber hat den Satz “Liebe deinen Nächsten wie dich selbst” übersetzt mit “Liebe deinen Nächsten, er ist wie du”. Eben das hat Jesus immer wieder versucht, den Frommen, den guten Menschen klarzumachen. Und sie haben es ihm besonders schwer gemacht. Während die so genannten Sünder, Zöllner, Zeloten, die heidnische Frau, die Ehebrecherin, bereit waren, ihm zu glauben und umzukehren, haben ihn die Frommen, Pharisäer, Priester, angesehenen Bürger in der Mehrzahl abgelehnt. Sie wollten sich nicht ändern, sie waren ja schon gerecht; sie brauchten keine Vergebung.

Nicht die Sünderin ist das Problem. Simon ist das Problem; ihn muss Jesus überzeugen.

Ich sage das deshalb, weil ich davon ausgehe, dass wir hier in der Kirche eher eine Gemeinschaft der Frommen sind und deshalb immer in der Gefahr stehen, unsere Frömmigkeit zu einer Mauer zu machen, mit der wir Gott von uns fernhalten. Seine Einladung, unser Leben ihm zu überlassen, aus der Vergebung und dem Vertrauen zu leben, zurückweisen. Denn wir sind ja schon am Ziel. Und damit auch zu einer Mauer, die wir gegen Andere aufrichten. Wenn ich nicht bereit bin zu akzeptieren, dass ich selbst unfertig bin, Vergebung brauche, dann werde ich schwer andere so annehmen können, wie sie sind. Und umgekehrt: In dem Moment, wo ich an mir selbst scheitere, wo dieses Götzenbild zerbricht, das ich mir von mir selbst gemacht habe, von meiner Gerechtigkeit, von meiner Besonderheit, da wird der Blick frei für die Anderen, für ihre Besonderheit.

Mahatma Gandhi wurde mal gefragt, wie er es schaffen würde, mit seinen politischen Gegnern so großzügig und verständnisvoll umzugehen. Er antwortete: Wissen Sie, ich bin selbst so ein großer Gauner, dass ich die vielen kleinen Gauner, mit denen ich es zu tun habe, gut verstehen kann.

Das Wort “Gauner” klingt nicht zufällig ganz ähnlich wie das biblische Wort “Sünder”. “Wir sind allzumal Sünder”, das heißt: die Unterscheidung zwischen Gerechten und Sündern fällt weg. Die Schablonen, mit denen wir einander einordnen, kategorisieren, fallen weg, und der Andere wird als Mensch erkennbar. Als einer, der fehlerhaft ist und liebenswert. Der für Gott wertvoll ist. Wie wir selbst fehlerhaft und wertvoll sind.

Am Ende sagt Jesus: “Dein Glaube hat dir geholfen.” Das sagt er zur Frau, die eine notorische Sünderin ist. Aber ich denke, er sagt es nicht nur zu ihr. Er sagt es auch als Einladung an Simon, der ein notorischer Gerechter ist, und an uns. Eine Einladung, uns vom Glauben helfen zu lassen. Unsere Selbstgerechtigkeit einzutauschen gegen geschenkte Gerechtigkeit, den Dienst nach Vorschrift gegen ein Leben aus Dankbarkeit.

Die drei Versuchungen der Kirche

Matthäus 4,1-11

Da wurde Jesus vom Geist in die Wüste geführt, damit er von dem Teufel versucht würde. Und da er vierzig Tage und vierzig Nächte gefastet hatte, hungerte ihn. Und der Versucher trat zu ihm und sprach: Bist du Gottes Sohn, so sprich, dass diese Steine Brot werden. Er aber antwortete und sprach: Es steht geschrieben (5.Mose 8,3): »Der Mensch lebt nicht vom Brot allein, sondern von einem jeden Wort, das aus dem Mund Gottes geht.«

Da führte ihn der Teufel mit sich in die heilige Stadt und stellte ihn auf die Zinne des Tempels und sprach zu ihm: Bist du Gottes Sohn, so wirf dich hinab; denn es steht geschrieben (Psalm 91,11-12): »Er wird seinen Engeln deinetwegen Befehl geben; und sie werden dich auf den Händen tragen, damit du deinen Fuß nicht an einen Stein stößt.« Da sprach Jesus zu ihm: Wiederum steht auch geschrieben (5.Mose 6,16): »Du sollst den Herrn, deinen Gott, nicht versuchen.«

Darauf führte ihn der Teufel mit sich auf einen sehr hohen Berg und zeigte ihm alle Reiche der Welt und ihre Herrlichkeit und sprach zu ihm: Das alles will ich dir geben, wenn du niederfällst und mich anbetest. Da sprach Jesus zu ihm: Weg mit dir, Satan! Denn es steht geschrieben (5.Mose 6,13): »Du sollst anbeten den Herrn, deinen Gott, und ihm allein dienen.« Da verließ ihn der Teufel. Und siehe, da traten Engel zu ihm und dienten ihm.

Der russische Dichter Dostojewski hat einmal gesagt: „Würde die Geschichte von der Versuchung Jesu nicht in der Bibel stehen, müsste man sie erfinden."

Warum? Weil sie exemplarische Bedeutung hat. Sie handelt von den drei großen Versuchungen, vor denen die Kirche und jede Religion zu allen Zeiten steht:
die Versuchung des Brotes und des Wunders und der Macht.

Die Geschichte beginnt unmittelbar nach der Taufe Jesu. Bevor er die ersten Jünger beruft und die ersten Kranken heilt, geht er für vierzig Tage in die Wüste, um vom Teufel versucht zu werden. Der Teufel ist hier nicht gedacht als Gegenspieler Gottes, vielleicht sogar als ebenbürtiger Gegner, sondern er ist der Satan, der Versucher, der im Auftrag Gottes handelt. Das wird im Text sehr deutlich: „Jesus wurde vom Geist (nämlich vom Geist Gottes) in die Wüste geführt, um vom Teufel versucht zu werden." Also Gott selbst schickt ihn dahin, um ihn auf die Probe zu stellen. Oder besser gesagt: um ihn vorzubereiten auf die drei großen Versuchungen, vor die er gestellt sein wird.

Die erste Versuchung versteht sich eigentlich von selbst: „Und als er vierzig Tage und vierzig Nächte gefastet hatte, hungerte ihn.“ Wer möchte da nicht aus Steinen Brot machen, um sich erst einmal satt zu essen! Aber natürlich hat diese Versuchung eine sehr viel grundsätzlichere Bedeutung. Es geht darum, den Hunger der Welt zu stillen. Brot für die Welt! Wenn man das Hungerproblem lösen könnte, weltweit, wenn alle genug zu essen hätten und keiner mehr verhungern müsste, würden sich dann nicht alle anderen Probleme ganz von selbst erledigen?

„Wenn ein Hungernder dich fragt: Wo ist Gott? dann gib ihm einen Fisch und sag: Hier.“ So heißt es in einem Sprichwort aus dem Bereich der Kirche. Es gibt viele, die das so empfinden. Gerade Europäer, die nach Afrika kommen und die Not dort erleben, haben oft das Gefühl: Man müsste nur mal richtig die Ärmel aufkrempeln und aufräumen, denn würde bald hier alles glänzen und blinken, wie zu Haus in der guten Stube. Also nur genug Geld beschaffen, Suppenküchen einrichten, Waisenhäuser bauen, und alle sind glücklich. Heißt das: so glücklich wie die Menschen bei uns in Deutschland, wo es ja genug Brot gibt, so zufrieden und ausgeglichen wie wir? Irgendwas stimmt an der Rechnung nicht. Natürlich braucht der Mensch Brot, natürlich muss man alles tun, um den Hunger zu besiegen, und möglichst nicht so, dass man es den Menschen in den Mund steckt, sondern indem ihnen die Möglichkeit gibt, es selbst zu erzeugen. Aber dass damit alle Probleme gelöst wären, ist ja offenbar nicht wahr. Es muss ja wohl irgendetwas hinzukommen, aber was?

„Der Mensch lebt nicht vom Brot allein, sondern von einem jeglichen Wort, das aus dem Mund Gottes hervorgeht, “ sagt Jesus. Also im weitesten Sinne braucht er auch Worte, freundliche Worte von Anderen, Anerkennung, einen Lebenssinn, Kultur. Aber natürlich meint es Jesus noch etwas spezieller. Es geht wirklich um Wort Gottes, Glauben, Spiritualität. Und da scheint mir das eigentliche Hungerproblem in unserem Land zu liegen und ein grundlegendes Missverständnis, das auch in unserer Kirche vorkommt. Dass Menschen fragen: Wo ist Gott? und wir speisen sie ab mit Brot. Wir tun ungeheuer viel, damit alle materiell versorgt sind, aber auf die Frage nach Gott und dem Sinn des Lebens geben wir keine Antwort, oder jedenfalls nicht so, dass diese Antwort gehört wird.

Das ist die erste Versuchung der Kirche: die materielle Versorgung der Menschen für wichtiger zu halten als die geistige. Brot statt Glauben zu geben. Und dazu gehört auch die moderne Vorstellung, man könnte tief greifende Glaubenskrisen dadurch lösen, dass man die Kirche kundenfreundlicher gestaltet, am Image arbeitet. Als wäre alles nur eine Frage der Organisation.

Die zweite Versuchung ist die des Wunders. „Da führte ihn der Teufel mit sich in die Heilige Stadt und stellte ihn auf die Zinne des Tempels und sagte: Bist du Gottes Sohn, so wirf dich hinab, denn es steht geschrieben: Er wird seinen Engeln Befehl geben, dass sie dich auf den Händen tragen und du deinen Fuß nicht an einen Stein stößt."

Das wäre natürlich eindrucksvoll gewesen, wenn Jesus vom Dach des Tempels heruntergesprungen wäre! Vor all den Menschen da im Innenhof! Da hätte er gleich viele Anhänger gefunden. Wunder haben etwas sehr Überzeugendes. Wenn ich mit Gemeindegliedern über Gott spreche, dann berichten sie oft über wunderbare Erlebnisse, die sie gehabt haben, etwa im Krieg, wenn der Nebenmann getroffen wurde und nicht sie selbst, oder dass sie vor einem schweren Unfall bewahrt wurden. Das bleibt in Erinnerung und ist oft Grundlage ihres Glaubens. Da haben sie Gott erlebt.

Und die Kirche, das muss man zugeben, hat diesen Wunderglauben gern gefördert. Denken wir an die Reliquien, Gebeine von Heiligen, die angeblich wunderbare Heilungen bewirken. Auch das Abendmahl ist über lange Zeit mit der Aura des Mysterien umgeben worden, die wunderbare Verwandlung von

Brot und Wein zu Fleisch und Blut Christi, „Geheimnis des Glaubens“, steht ja heute noch in der Liturgie, mit all dem, was dazugehört: der Priester als Mittler, der dieses Wunder immer wieder vorführt, Latein als Sprache der Eingeweihten, der Esoteriker – das hat etwas sehr Überzeugendes, und immerhin: der Aberglaube, der ja im Menschen zutiefst verwurzelt ist, wird dann in kirchliche Bahnen gelenkt. Die ganze Esoterik, die wir heute erleben, ist ja nur ein Zeichen dafür, dass dieses Bedürfnis nach dem Übernatürlichen von den Kirchen nicht mehr befriedigt wird.

Trotzdem wehrt sich Jesus dagegen, das Wunder als Mittel zum Glauben zu nutzen. Er hat auch die Heilung von Kranken nie als Beweismittel, als Zeichen benutzt: „Ein böses und abtrünniges Geschlecht sucht ein Zeichen, “ hat er zu den Pharisäern gesagt, „aber es soll ihm kein Zeichen gegeben werden als das Zeichen des Jona“ (drei Tage im Bauch des Wales und dann wieder an Land: drei Tage unter der Erde und dann wieder lebendig). Wenn Jesus Menschen geheilt hat - und ich zweifle nicht daran, dass er das getan hat -, dann nicht, um damit etwas zu beweisen, sondern um sie zu heilen, um sie aus ihrer Not zu befreien. Allerdings unter der Voraussetzung, dass sie an ihn glaubten, schon vor dem Wunder. Und dann hat er gesagt: Steh auf, nimm deine Matte und geh. Mach was draus, aus dieser Heilung, mach was aus deinem Leben.

Darum geht es. Wunderglaube ist ja so wunderbar einfach. Man wartet darauf, dass Gott etwas tut. Und dann ist man gnädig bereit zu glauben, dass es ihn gibt. Das ist aber kein Glaube, das ist Wahrscheinlichkeitsrechnung. Glauben heißt: Ich baue mein Leben auf dieses Fundament Gott. Ich richte mich nach ihm aus. Ich bemühe mich, Jesus Christus zu folgen. Und dann – so wird uns allerdings versprochen – wird es ein besonderes Leben, werden wir Wunderbares erleben. Aber es wird kein Beweis sein. Und es wird uns nicht die Mühe ersparen, immer wieder nach Gott zu suchen.

Die dritte Versuchung der Kirche ist die Macht. „Da führte ihn der Teufel mit sich auf einen sehr hohen Berg und zeigte ihm alle Reiche der Welt und sagte: Das alles gebe ich dir, wenn du niederfällst und mich anbetest.“ In dem Jesusfilm, den wir im Konfirmandenunterricht angeschaut haben, ist es kein Berg, sondern Jesus sieht die Erde vom Weltall aus als blaue Kugel. Weltherrschaft! Das ist ja eine große Verlockung, auch für die Kirche. Im Hochmittelalter haben sich die Päpste mit den Kaisern darum gestritten, wer von ihnen der eigentliche Beherrscher des Abendlandes wäre. Die Tiara des Papstes ist bis heute ein Zeichen der Oberhoheit über die Könige, die dreifache Krone. Und Macht ist ja nicht von vornherein schlecht. Eine weltweite Kirche mit zwei Milliarden Christen unter einem Oberhaupt, das wäre doch was! Wenn man da mit einer Stimme reden würde, das wäre ein Machtfaktor! Da könnte man viel Gutes tun! Als die Bildzeitung vor einigen Jahren geschrieben hat „Wir sind Papst“, da waren auch manche Protestanten (und sogar Nichtchristen) ganz angetan von dem Gedanken.

Was soll schlecht sein an Macht? Unsere Versuchungsgeschichte gibt darauf eine sehr klare Antwort: Es ist der Teufel, der die Macht verleiht. Wer die Macht anbetet, betet den Teufel an! Und damit tritt er in Konkurrenz zu Gott, dem die Macht eigentlich gehört.

Eine sehr pessimistische Ansicht, die sich aber leider in der Geschichte der Kirche immer wieder als wahr erwiesen hat. Wo die Kirche Macht ausgeübt hat, hat sie sich zumindest innerlich auch von Jesus losgelöst. Der eingangs erwähnte Dostojewski hat das in seiner Erzählung „Der Großinquisitor“ sehr eindrucksvoll dargestellt: Da kehrt Jesus im Hochmittelalter noch einmal in die Welt zurück und wird sofort verhaftet von der Inquisition. Nachts kommt der Großinquisitor in seine Zelle und sagt: Du bist es also wirklich. Warum bist du gekommen? Wir haben inzwischen das in Ordnung gebracht, was du bei deiner Versuchung falsch gemacht hast. Wir haben den Menschen Brot und Wunder gegeben, wir haben die Macht über ihr Leben übernommen, und siehe da: sie sind glücklich! Du störst uns nur, und darum werden wir dich töten. Nachzulesen in Dostojewskis großem Roman „Die Brüder Karamasow“.

Diese Versuchung der Macht gibt es bis heute. Auch wenn zumindest die evangelische Kirche ja keine wirkliche politische Macht mehr hat, die Versuchung mitzumachen im Spiel der Mächtigen, Beziehungen spielen zu lassen, sich in der Öffentlichkeit darzustellen ist immer noch sehr groß. Warum auch nicht? „Klappern gehört zum Handwerk“, sagt man. Wer Wirkung erzielen will, muss auf sich aufmerksam machen. Und ein Stück Eitelkeit kennt man als Pfarrer auch. Wer möchte nicht in der Zeitung stehen?

Trotzdem: es ist nicht der Weg, den Jesus gegangen ist. Der hatte es nicht nötig, viel Wind zu machen. Sein Licht leuchtete auch so.

„Denn sie wissen nicht, was sie tun“

Lukas 23,33-49

Und als sie kamen an die Stätte, die da heißt Schädelstätte, kreuzigten sie ihn dort und die Übeltäter mit ihm, einen zur Rechten und einen zur Linken. Jesus aber sprach: Vater, vergib ihnen; denn sie wissen nicht, was sie tun! Und sie verteilten seine Kleider und warfen das Los darum.

Und das Volk stand da und sah zu. Aber die Oberen spotteten und sprachen: Er hat andern geholfen; er helfe sich selber, ist er der Christus, der Auserwählte Gottes. Es verspotteten ihn auch die Soldaten, traten herzu und brachten ihm Essig und sprachen: Bist du der Juden König, so hilf dir selber! Es war aber über ihm auch eine Aufschrift: Dies ist der Juden König.

Aber einer der Übeltäter, die am Kreuz hingen, lästerte ihn und sprach: Bist du nicht der Christus? Hilf dir selbst und uns! Da wies ihn der andere zurecht und sprach: Und du fürchtest dich auch nicht vor Gott, der du doch in gleicher Verdammnis bist? Wir sind es zwar mit Recht, denn wir empfangen, was unsre Taten verdienen; dieser aber hat nichts Unrechtes getan. Und er sprach: Jesus, gedenke an mich, wenn du in dein Reich kommst! Und Jesus sprach zu ihm: Wahrlich, ich sage dir: Heute wirst du mit mir im Paradies sein.

Und es war schon um die sechste Stunde, und es kam eine Finsternis über das ganze Land bis zur neunten Stunde, und die Sonne verlor ihren Schein, und der Vorhang des Tempels riss mitten entzwei. Und Jesus rief laut: Vater, ich befehle meinen Geist in deine Hände! Und als er das gesagt hatte, verschied er.

Als aber der Hauptmann sah, was da geschah, pries er Gott und sprach: Fürwahr, dieser ist ein frommer Mensch gewesen! Und als alles Volk, das dabei war und zuschaute, sah, was da geschah, schlugen sie sich an ihre Brust und kehrten wieder um. Es standen aber alle seine Bekannten von ferne, auch die Frauen, die ihm aus Galiläa nachgefolgt waren, und sahen das alles.

„Vater, vergib ihnen, denn sie wissen nicht, was sie tun“: eines der sieben Worte Jesu am Kreuz. Ein eindrucksvoller Satz, aber stimmt er auch? In einem Film über die Passion, den wir uns in den Kreisen angesehen haben, antwortet einer der Zuschauer unter dem Kreuz: „O doch, Messias, wir wissen ganz genau, was wir tun: wir bringen dich um.“

Wie kommt es, dass Menschen, die denken, fühlen und mitempfinden können, zu solchen Grausamkeiten fähig sind? Wusste der römische Soldat, der Jesus ans Kreuz schlug, was er tat? Da kann man ja nicht jeden nehmen. Das ist ja eine verantwortungsvolle Aufgabe, jemandem die Nägel durch die Handgelenke zu schlagen, so dass keine lebenswichtige Ader getroffen wird, der Hingerichtete soll ja nicht verbluten, er soll ja langsam sterben! Was denkt sich so ein Mensch, wenn er den Nagel durch Fleisch und Knochen schlägt, wie hält er das Schreien aus, oder genießt er das vielleicht sogar?

Was haben sich die SS-Leute gedacht, wenn die Züge in Auschwitz ankamen, Männer, Frauen und Kinder, halbtot nach der Fahrt im Viehwaggon, und die Hälfte von ihnen gleich aussortiert, erschossen wurden, kleine Kinder ins Feuer geworfen. Als man sie nachher in den Kriegsverbrecherprozessen befragte, wie sie das tun konnten, haben die meisten geantwortet: Wieso die Frage? Wir hatten Befehle und mussten gehorchen. Befehl ist schließlich Befehl!

Und die Verantwortlichen, die Befehlshaber? Was hat sich Pontius Pilatus gedacht, als er den Befehl zur Hinrichtung gab? Sicher hatte er seine Gründe, er war schließlich Politiker, und obwohl er ja angeblich nichts gegen Jesus persönlich hatte, ließ er ihn töten. Aus Staatsräson.

Was hat sich der Hohe Rat gedacht? All diese frommen und klugen Priester? Von Kaiphas ist der Satz überliefert: „Es ist besser, dass ein Einzelner stirbt, als dass ein ganzes Volk zugrunde geht."

Was denken sich die Politiker, die Raketen auf Wohngebiete abschießen lassen und den Tod von Hunderten in Kauf nehmen, was denken die Ayatollahs, die Selbstmörder mit Sprengstoffgürteln losschicken? Sie alle haben doch ihre Gründe, sie können es mit höheren Zielen begründen und eben oft auch mit ihrem Glauben, mit ihrer Heiligen Schrift.

Wissen wir wirklich, was wir tun? Und wenn es so ist, warum passieren dann so viele schreckliche Dinge auf der Welt, die eigentlich keiner gewollt hat? Oder liegt es daran, dass unsere Wahrnehmung getrübt ist, dass wir bestimmte Zusammenhänge nicht verstehen? Welches Organ fehlt uns da?

Während des Vietnamkriegs schrieb ein amerikanischer Soldat an seine Eltern: Meine Dienstzeit ist nun zu Ende, und ich freue mich, heim zu kommen. Allerdings habe ich eine Bitte: Einer meiner Kameraden hat durch eine Mine beide Beine verloren. Er hat keine Angehörigen und kann sich nicht allein versorgen. Seid ihr damit einverstanden, dass ich ihn mit nach Haus bringe und dass er bei uns wohnt?

Seine Eltern schrieben zurück: Lieber Sohn, wir freuen uns sehr, dass du kommst. Und es tut uns leid, dass dein Kamerad so viel Pech gehabt hat. Aber wir raten dir dringend davon ab, ihn mit hierher zu bringen. Er wäre auf Dauer eine zu große Belastung für dich.

Daraufhin hörten sie lange nichts von ihm. Und dann erhielten sie eines Tages einen Anruf der Polizei: Ein junger Mann habe sich von einer Brücke gestürzt. Den Papieren nach sei es ihr Sohn. Sie möchten bitte vorbeikommen, um ihn zu identifizieren. Sie fuhren hin und erkannten voller Trauer ihren Sohn. Aber sie sahen auch noch etwas Anderes: ihm fehlten beide Beine.

Was hätten diese Eltern wohl getan, wenn sie gewusst hätten, dass es ihr eigener Sohn war und nicht ein Fremder, dem die Mine die Beine abgerissen hatte? Hätten sie nicht geschrieben: Komm nach Haus! Natürlich werden wir dich aufnehmen, wie könntest du eine Last für uns sein?

Wo ist der Unterschied? Wie kommt es, dass wir das Leid so stark empfinden, wenn es uns selbst betrifft oder unsere Familie, Menschen, die wir kennen, und dass wir es uns so gleichgültig lässt, wenn es Fremde betrifft?

In meiner Zeit in Johannesburg bin ich häufig an bettelnden Kindern vorbeigefahren. Man kann auch nicht überall anhalten, und man kann nicht allen helfen. Eines Tages musste ich an einer Ampel halten und hatte Zeit, mir eines dieser Kinder anzuschauen, ungefähr im Alter unserer Tochter. Und da habe ich mich dann gefragt: Was wäre, wenn es nicht ein fremdes Kind wäre, sondern dein eigenes Kind, das da an der Straße steht und bettelt? Würdest du nicht sofort anhalten und es von der Straße holen? Würdest du nicht alles tun, damit dieses Kind glücklich wird?

Ich denke, das ist der Unterschied. Wir sind in unserer Sensibilität und in unserer Liebesfähigkeit sehr begrenzt. Im Grunde genommen verhalten wir uns wie unsere tierischen Vorfahren. Jedes höhere Lebewesen verteidigt seine Jungen, notfalls mit dem eigenen Leben. Jeder Wolf kämpft für sein eigenes Rudel. Wir mögen noch so hehre Gedanken haben, wenn wir uns liebevoll um unsere Familie kümmern, es ist immer noch ein instinktives Verhalten. Es unterscheidet uns nicht von den Tieren.

Jesus hat dazu gesagt: „Wenn ihr nur die liebt, die euch lieben, was tut ihr Besonderes? Tun dasselbe nicht auch die Zöllner und die Heiden?“ Was wäre denn das Besondere? Was wäre denn anders und neu? Was wäre christlich?

Ich denke, es wäre etwas Neues, wenn wir anfangen würden, im Fremden das Eigene zu erkennen. Im fremden Kind das eigene Kind, das uns anvertraut ist. Im fremden Erwachsenen den Menschen, der unter Schmerzen und Hunger leidet und der sich um seine Familie sorgt und sich mit allen Fasern seines Leibes nach Glück sehnt, genau wie wir selbst. Und das heißt: dass wir im Anderen uns selbst erkennen.

„Liebe deinen Nächsten wie dich selbst“ - der jüdische Religionsphilosoph Martin Buber hat diesen Satz übersetzt mit den Worten: „Liebe deinen Nächsten, denn er ist wie du.“ Versetz dich in ihn hinein, sieh dich selbst an seiner Stelle und frag dich, wie du dich an seiner Stelle fühlen würdest, was du dir wünschen und wovor du dich fürchten würdest. Und dann handle danach.

Um diesen Schritt geht es. Sich selbst im Anderen zu erkennen. Und damit zu verstehen, dass das Leben ein Ganzes ist. Paulus sagt: „Wenn ein Glied leidet, leiden alle mit.“

Noch einmal die Frage: Wissen die Menschen auf dem Hügel Golgatha, was sie tun? Wissen wir, was wir anderen antun? Ich glaube, wir wissen es nicht wirklich. Eben weil wir diesen Schritt nur so selten tun, weil wir so selten im Anderen uns selbst sehen, weil wir uns diese Mühe nicht machen. Weil wir eben immer noch auf dem Weg sind, weil wir noch wahre Menschen werden müssen. So wie Jesus es war, der sogar am Kreuz noch für andere gebetet hat. Der das Ganze gesehen hat, das Wohl der Menschheit und nicht nur das eigene Leben oder das eigene Volk.

„Vater, vergib ihnen, denn sie wissen nicht, was sie tun." Wir wissen es wirklich nicht, und darum haben wir Vergebung nötig, die Großzügigkeit Gottes und die Großzügigkeit anderer Menschen. Gut zu wissen, dass da jemand für uns gestorben ist, wo wir lieber andere sterben lassen. Und gleichzeitig ist es doch auch eine Aufforderung, eine Ermutigung, diesen Weg Jesu wenigstens schrittweise nachzugehen. Sich einfach mal mit offenen Augen umzusehen, wer da mit uns lebt, und zu überlegen, wie der sich wohl fühlt, worunter er leidet, worüber sie sich freut und was wir tun können, um ihn ein bisschen glücklicher, leichter, mutiger zu machen. Das ist gar nicht so schwer, solange wir nicht vergessen: Er oder sie ist wie wir.

Ein Rabbi wurde gefragt: Wann endet die Nacht, und der Tag beginnt? Ist es dann, wenn man ein Haus von einem Busch unterscheiden kann? Oder wenn man einen Menschen von einem Tier unterscheiden kann? – Der Rabbi antwortete: Wenn du das Gesicht eines anderen Menschen siehst und in ihm deinen Bruder und deine Schwester erkennen kannst, dann beginnt dann endet die Nacht, und der Tag beginnt.

Argumente für die Auferstehung

1.Korinther 15,12-20

Wenn aber Christus gepredigt wird, dass er von den Toten auferstanden ist, wie sagen dann einige unter euch: Es gibt keine Auferstehung der Toten? Gibt es keine Auferstehung der Toten, so ist auch Christus nicht auferstanden. Ist aber Christus nicht auferstanden, so ist unsere Predigt vergeblich, so ist auch euer Glaube vergeblich. Wir würden dann auch als falsche Zeugen Gottes befunden, weil wir gegen Gott bezeugt hätten, er habe Christus auferweckt, den er nicht auferweckt hätte, wenn doch die Toten nicht auferstehen. Denn wenn die Toten nicht auferstehen, so ist Christus auch nicht auferstanden. Ist Christus aber nicht auferstanden, so ist euer Glaube nichtig, so seid ihr noch in euren Sünden; so sind auch die in Christus entschlafen sind, verloren. Hoffen wir allein in diesem Leben auf Christus, so sind wir die elendesten unter allen Menschen. Nun aber ist Christus auferstanden von den Toten als Erstling unter denen, die entschlafen sind.

Das kann Paulus beim besten Willen nicht verstehen: dass es da Menschen gibt in der christlichen Gemeinde in Korinth, die an der Auferstehung zweifeln! Dabei hat er selbst die Gemeinde gegründet, durch seine Predigt sind sie Christen geworden; mit seinem eigenen Erlebnis vor Damaskus hat er sich für die Wirklichkeit der Auferstehung verbürgt. Aber nun sind Jahre vergangen, der Apostel hat Korinth wieder verlassen, und inzwischen gibt es Leute in der Gemeinde, die sagen: Auferstehung? Kann es das wirklich geben? Also: dass Jesus Christus ein guter Mensch war, das wollen wir ja glauben. Aber ob er nun wirklich auferstanden ist, das ist doch höchst fraglich!

Auch heute gibt es ja viele, die sagen: Ich bin durchaus für das positive Christentum. Gut, dass es die Kirche gibt. Unsere Kinder haben einen Kreis, in dem sie sich treffen, meine Frau geht zum Chor, sogar ich selbst werde sicher irgendwann noch mal zum Gottesdienst gehen. Oder: Ich finde Jesus echt cool. Was er so sagt über Liebe und gegen Gewalt, da bin ich echt dafür. Und dann gibt es die Umsichtigen, die sagen: Religion muss sein, damit unsere Gesellschaft nicht ihre Werte und Normen verliert. Ich unterstütze das. Aber Auferstehung? Dass da ein Toter wieder ins Leben zurückgekehrt ist: diesen Teil des Glaubens, diesen mythologischen Restbestand, das lasse mal ich weg.

Paulus sagt: Überlegt, was ihr da tut. Wenn ihr die Auferstehung Christi leugnet, dann verliert ihr den ganzen Glauben. Dann gibt es kein Leben nach dem Tod, keine Vergebung der Schuld. Dann ist auch die Frage, ob es Gott gibt, wenn er Jesus nicht auferweckt hat. Dann wären wir falsche Zeugen, sagt Paulus. Und ich füge hinzu: Dann haben 2000 Jahre lang Prediger die Unwahrheit gesagt, Menschen betrogen, dann sind Milliarden von Menschen in der falschen Hoffnung gestorben, wieder zum Leben zu erwachen. Dann ist der christliche Glaube der größte Betrug der gesamten Weltgeschichte. Das ist die Konsequenz, wenn man die Auferstehung Jesu Christi leugnet. "Hoffen wir allein in diesem Leben auf Christus, dann sind wir die Elendsten unter allen Menschen."

Nun bleibt aber Paulus nicht bei dieser Problemanzeige stehen, sondern er bemüht sich, die Zweifler mit Argumenten zu überzeugen. Und es ist gut, dass wir uns einmal mit diesen Argumenten beschäftigen. Denn wir sollen ja unseren Glauben auch geistig verantworten und vor anderen begründen. Natürlich müssen wir uns klar machen, dass es keinen letzten Beweis für die Auferstehung gibt. Aber es gibt Argumente, und derer müssen wir uns nicht schämen. Der Kirchenhistoriker Wolfgang Schadewald sagt: "Die Auferstehung Jesu Christi ist das bestbezeugte Ereignis der gesamten Antike." Also folgen wir mal Paulus und setzen uns mit den Kritikern und ihren Argumenten auseinander.

Da ist zunächst das historische Argument, das geht ungefähr so: Seit der Kreuzigung Jesu sind ja fast 2000 Jahre vergangen. Woher sollen wir denn wissen, was damals wirklich passiert ist?

Das ist das Problem mit den sogenannten "garstigen Graben der Geschichte", der uns von dem Ereignis trennt. Das ist natürlich ein Problem, das ganz allgemein jeder Historiker hat. Woher sollen wir zum Beispiel wissen, ob Caesar tatsächlich gelebt hat, Krieg gegen die Gallier geführt hat und im Jahr 44 v. Chr. ermordet worden ist? Wir können ja nicht da hinfahren und das nachprüfen. Und trotzdem würde kein Historiker auf die Idee kommen, daran zu zweifeln, dass es Caesar gab. Das liegt an den Quellen, die man aus dieser Zeit hat. Caesar hat den Bericht über den gallischen Krieg selbst geschrieben, zumindest trägt er seinen Namen. Und es gibt bedeutende Historiker, die über ihn berichtet haben, zum Beispiel Tacitus. Als Tacitus lebte, war Caesar übrigens schon gut 100 Jahre tot. Das heißt: der Historiker hat nicht aus eigener Anschauung berichtet, sondern hat Berichte gesammelt.

Auch Jesus kennen wir nur anhand von Quellen. Eine dieser Quellen stammt übrigens von Tacitus, der ihn allerdings nur vom Hörensagen kennt; eine andere stammt von einem jüdischen Historiker namens Josephus. Aber die wichtigsten Quellen stammen von Christen: Paulus und den Evangelisten. Verständlicherweise, denn sie waren natürlich daran interessiert, das Leben Jesu, seine Lehre, aber besonders seine Auferstehung festzuhalten und weiterzugeben. Wobei man sagen muss: Der entscheidende Punkt, sowohl in den Evangelien als auch in den Briefen ist die Auferweckung Jesu Christi von den Toten. Das ist der Kern der Botschaft in den Evangelien. Darauf läuft alles hinaus, sonst hätte man sie gar nicht geschrieben. Und davon handeln alle Paulusbriefe und die anderen Briefe bis hin zur Offenbarung. Wenn man das weglässt, ist das Neue Testament weg.

Nun gibt's ein zweites Argument, das geht etwa so: Dass die Auferstehung durch das Neue Testament bezeugt wird, ist ja schön und gut. Aber wann ist das Neue Testament denn geschrieben worden? Das war doch lange, nachdem Jesus gekreuzigt wurde. Das ist eben Legendenbildung. Als man das aufgeschrieben hat, da konnte das keiner mehr nachprüfen!

Das ist ein Argument, mit dem sich offensichtlich schon Paulus auseinandersetzen musste, die Frage der Augenzeugen. Allerdings war er in einer günstigen Lage. Denn als er den ersten Korintherbrief schreibt, da gibt es noch Zeugen der Auferstehung: Petrus, Jakobus, die übrigen 12 Apostel sowie 500 Brüder (da sind als nur die Männer gezählt), "von denen die meisten noch leben."

Das sind Augenzeugen, die man zu diesem Zeitpunkt noch befragen kann! Man muss sich das klarmachen: Als Paulus das schreibt, im Jahr 55, da liegt die Auferstehung nur 25 Jahre zurück. Überlegen Sie mal: Vor 25 Jahren, das war für uns 1985. Ich weiß noch ziemlich genau, welche besonderen Vorkommnisse es da gab, zum Beispiel wurde da unsere Tochter geboren. Da habe ich noch Bilder vor Augen. Ich bin sicher: Wäre ich damals einem Toten begegnet, der wieder auferstanden war, das wüsste ich bis heute ganz genau.

Und dann kommt ein drittes Argument ins Spiel, nämlich: Na ja, Zeugen schön und gut, aber was sind denn das für Leute? Die waren doch vorher schon seine Jünger gewesen! Die mussten doch so reden. Die konnten doch nicht zugeben, dass sie gescheitert waren, also haben sie die Geschichte von der Auferstehung erfunden! (Das stimmt natürlich auch nicht so ganz, einer von ihnen steckte ganz bestimmt nicht mit ihnen unter einer Decke, der hat nämlich die Christen verfolgt: das war Paulus selbst, aber lassen wir und mal auf dieses Argument ein und versuchen, uns in ihre Lage zu versetzen).

Da gibt es also in Jerusalem eine Gruppe von Männer und Frauen, die haben ihren Messias verloren. Der, auf den sie gehofft haben, der ist gekreuzigt worden. Keine besonders mutigen Leute; die Männer sind gleich bei der Verhaftung geflohen, die Frauen haben sich teilweise wenigstens getraut, bei der

Kreuzigung zuzusehen. Aber die Stimmung ist ganz unten. Alles läuft auseinander, flieht, mag ja sein, dass die Römer noch immer nicht genug haben und versuchen, auch noch die restlichen Mitglieder dieser Jesusbewegung zu verhaften. Und dann passiert etwas Merkwürdiges: Diese ängstlichen Leute kommen auf einmal aus ihren Verstecken heraus und beginnen öffentlich zu predigen. Und sagen: Auferstehung! Er ist tatsächlich auferstanden! und sind so überzeugend, dass sich ihre Botschaft in wenigen Jahrzehnten quer durch das Römische Reich verbreitet.

Und diese Bewegung endet auch nicht, als man sie verfolgt und für ihren Glauben tötet. Das heißt: Sie sterben für einen Glauben, den sie sich selbst ausgedacht hätten? Sie gehen freiwillig in den Tod, obwohl sie wissen, dass es keine Auferstehung der Toten gibt? Wer das glauben kann, der glaubt mehr als ich.

Natürlich gibt uns das keinen letzten Beweis, keine Sicherheit über die Auferstehung. Die Antwort muss jeder für sich finden, und das geht nicht mit Argumenten, das muss man im sehr intensiven Gebet tun. Denn darum geht es: Dass Christus der Lebendige ist, auch jetzt noch, und damit erfahrbar ist, wirksam ist. Letzte Sicherheit über die Auferstehung werden wir allerdings erst nach dem Tod finden, wenn wir ihn sehen werden.

So lange kann ich noch warten.

Heilende Macht

Lukas 11,14-22

Jesus trieb einen bösen Geist aus, der war stumm. Und es geschah, als der Geist ausfuhr, da redete der Stumme. Und die Menge verwunderte sich. Einige aber unter ihnen sprachen: Er treibt die bösen Geister aus durch Beelzebul, ihren Obersten. Andere aber versuchten ihn und forderten von ihm ein Zeichen vom Himmel.

Er aber erkannte ihre Gedanken und sprach zu ihnen: Jedes Reich, das mit sich selbst uneins ist, wird verwüstet und ein Haus fällt über das andre. Ist aber der Satan auch mit sich selbst uneins, wie kann sein Reich bestehen? Denn ihr sagt, ich treibe die bösen Geister aus durch Beelzebul. Wenn aber ich die bösen Geister durch Beelzebul austreibe, durch wen treiben eure Söhne sie aus? Darum werden sie eure Richter sein. Wenn ich aber durch Gottes Finger die bösen Geister austreibe, so ist ja das Reich Gottes zu euch gekommen.

Wenn ein Starker gewappnet seinen Palast bewacht, so bleibt, was er hat, in Frieden. Wenn aber ein Stärkerer über ihn kommt und überwindet ihn, so nimmt er ihm seine Rüstung, auf die er sich verließ, und verteilt die Beute.

Im Jahre 1843 fand im württembergischen Städtchen Möttlingen eine Teufelsaustreibung statt. Gottliebin Dittus, eine junge Frau aus der Gemeinde, war, so sagte man, von Dämonen besessen. Sie litt an Krämpfen, redete mit fremden Stimmen und beschimpfte alle, die sich um sie kümmern wollten, mit übelsten Ausdrücken. Besonders heftig und ordinär beschimpfte sie den Pfarrer, wenn er sie besuchte und mit ihr betete. Das ging über zwei Jahre so. Dann, kurz vor Weihnachten, folgte der Pfarrer einer plötzlichen Eingebung: Er ergriff ihre Hände und sagte: „Wir haben nun lange genug gesehen, was der Teufel tut, nun wollen wir auch sehen, was der Herr Jesus vermag." Daraufhin kam es zu einem letzten heftigen Anfall, danach war die „Besessene“ geheilt.

Der Fall hat damals viel Aufsehen erregt, besonders weil der Pfarrer, der diese „Teufelsaustreibung“ durchgeführt hatte, kein katholischer Exorzist war, sondern ein durchaus modern denkender evangelischer Pfarrer, Johann Christoph Blumhardt. ---

Auch in unserem Predigttext geht es um einen Exorzismus. Da hat Jesus einen Stummen geheilt, indem er einen Dämon aus ihm vertrieben hat, so dass er nun wieder reden kann. Und die Zuschauer staunen, aber es gibt auch Kritik. Einige fragen: Durch welche Macht hat er das eigentlich geschafft, durch die Macht Gottes oder die Macht des Teufels? Der Gedanke ist ja gar nicht so weit hergeholt: Wenn Jesus einem Dämon Befehle erteilt, also einem Diener des Teufels, dann zeigt das, dass Jesus auch auf diese Seite gehört und Befehlsgewalt hat in der Armee des Teufels.

Und Jesus antwortet nicht weniger logisch: Wenn der Teufel seine eigenen Geister austreiben würde, dann hieße das ja, dass seine Armee in völliger Auflösung wäre. Vielmehr ist es doch wohl so, dass das Böse nur dann ausfährt, wenn etwas Stärkeres, nämlich die Macht Gottes, es vertreibt.

Es geht aber in jedem Fall um Machtfragen. Jesus drückt das in einem Bild aus: Solange jemand stark genug ist, sein Haus zu schützen, wird er Herr im Haus sein. Wenn aber ein Stärkerer kommt, dann kann der ihn überwältigen und das Haus besetzen. Ein Besessener ist also jemand, von dem eine fremde Macht Besitz ergriffen hat. So dass er nicht mehr tut, was er selbst will, sondern was ihm diese fremde Macht diktiert.

Das ist für uns sehr fremd. Wir können uns vielleicht noch vorstellen, dass es Engel gibt, aber Dämonen? Muss man als Christ an so etwas glauben? Sollen wir die Welle von Aberglauben, die uns aus dem Fernsehen, aus der

Unterhaltungsindustrie entgegenschlägt, auch noch unterstützen? Wie deuten wir die Heilungsgeschichten des Neuen Testamentes, die ja die Heilungen Jesu meist als Exorzismus darstellen, heute?

Kehren wir an dieser Stelle doch noch einmal zu dem Fall Gottliebin Dittus zurück, der damals hohe Wellen schlug. Es kam in Möttlingen zu einer regelrechten Erweckung, Tausende von Menschen schlossen sich der Gemeinde an. Andere kritisierten, dass da die Kirche wieder einmal den alten Aberglauben verbreiten würde. So dass das Oberkonsistorium, das damalige Landeskirchenamt, den Pfarrer zur Rede stellte: Wie er denn dazu käme, einen Exorzismus durchzuführen, als evangelischer Geistlicher?

Blumhardt hat daraufhin einen Bericht an das Oberkonsistorium geschickt, der Geschichte gemacht hat. Denn die Erklärung, die er gibt, nimmt die Grundbegriffe der Psychoanalyse vorweg, fünfzig Jahre vor Sigmund Freud. Blumhardt berichtet zunächst von der schwierigen Kindheit der Kranken, die von der Mutter gleichzeitig geliebt und auch abgelehnt wurde. Also er macht eine Anamnese, wie man das heute nennt. Für Blumhardt ist es auch kein Dämon, der die Kranke beherrschte, sondern ein innerer Zwang. Wir würden heute sagen: Das, was sie verdrängte, ihre Aggressionen, ihre Triebe, all das, was sie selbst nicht aussprechen und zugeben durfte, als höfliche und fromme Frau, brach sich Bahn in Gestalt dieses Dämons. Es war ja nicht sie, die diese hässlichen Dinge sagte, es war ja ein Anderer, der sie beherrschte.

Also kein Exorzismus, sondern im Grunde genommen eine Vorform des psychotherapeutischen Gespräches. Bei dem ja auch der Therapeut zu einem Gegenüber wird, auf das man seine Gefühle, auch seine Aggressionen, projizieren kann. Aber Blumhardt geht noch darüber hinaus. Er lässt nicht nur den Dämon zu Wort kommen, nicht nur die Krankheit darf sich manifestieren, sondern er bietet auch eine Gegenmacht an. Er spricht vom Glauben an Jesus, an Gott, der heilen kann. Dem man alles sagen kann, ohne es einem bösen Geist in den Mund zu legen. Und nach einem Kampf, der sehr viel Ähnlichkeit hat mit den Heilungsgeschichten des Neuen Testamentes, nimmt die Kranke diese Möglichkeit an, zum normalen Leben zurückzukehren, heil zu werden.

Und da wird es spannend, finde ich. Es gibt also nicht nur eine krankmachende Macht, sondern auch eine heilende Macht. Wir sprechen so viel von psychosomatischen Krankheiten und von zerstörerischen Umwelteinflüssen und erleben das ja auch: dass Stress krank macht, dass Ängste nicht nur die Seele einengen, sondern dann auch das Herz, den Kreislauf schädigen können, dass Minderwertigkeitsgefühle die Lebenskraft rauben können. Aber die Frage ist doch: Wenn es psychosomatische Krankheiten gibt, müsste es dann nicht auch psychosomatische Heilungen geben? Wenn Ängste unseren Körper schwächen können, sollte dann nicht der Glaube unseren Körper stärken können, heilen können?

Genau darum geht es in den Heilungsgeschichten des Neuen Testaments. Deutlich zu machen: Jesus ist stärker als die Macht der Krankheit, die den Kranken gefangen nimmt. „Hilf, Christus, du bist der Arzt“, lautet eines der frühesten christlichen Gebete. Und die Menschen haben das damals so erlebt. Das kann man überall im Neuen Testament nachlesen. Und es war nicht nur Jesus, der geheilt hat, auch von Jüngern wird das berichtet. Wenn man bei Paulus nachliest über die Geistesgaben, die Charismen, die in der Gemeinde vorkamen, da gab es auch Menschen, die die Gabe der Heilung hatten. Wenn jemand krank war, wurden die Ältesten (also die Kirchenvorsteher) zu ihm geschickt, um mit ihm zu beten und damit zu seiner Heilung beizutragen. Es gibt bis heute Gemeinden in Afrika, bei denen die Heilung von Kranken im Mittelpunkt des Gottesdienstes steht. Und es werden durchaus Menschen dort geheilt.

Wir sind skeptisch an solchen Stellen, denn natürlich gibt es Scharlatane, die die Gutgläubigkeit ausnutzen und daran oftmals auch verdienen. Ich habe gerade gelesen, dass Jürgen Fliege, ehemaliger Fernsehpfarrer, nun Heilwasser verkauft, das hat er selbst gesegnet und verschickt es in Flaschen, natürlich gegen gutes Geld. Aber es geht nicht um Gutgläubigkeit, es geht auch nicht um die schwarzen Schafe, die sich immer tummeln, wo man Geld verdienen kann, es geht um Glauben. Der heilsam ist. Und im Grunde genommen wissen wir, dass Glauben heilsam sein kann. Das lässt sich per Experiment beweisen. Bei Testreihen für neue Medikamente gibt es immer auch eine Gruppe, die das Medikament gar nicht erhält, sondern nur ein Scheinmedikament, ein Placebo. Das oft genauso gut hilft wie das richtige. Das heißt allein der Glaube, dass man da etwas für sich tut, reicht aus, damit man sich besser fühlt, und nicht nur fühlt, sondern wirklich eine körperliche Besserung erlebt. Glückliche Menschen, Menschen, die einen Sinn im Leben sehen, sind im Durchschnitt gesünder als unglückliche, auch das ist erwiesen.

Das darf man natürlich nicht einfach umdrehen und sagen: Wer krank ist, hat also keinen Glauben oder ist kleingläubig. An dieser Stelle muss man denen widersprechen, die sagen: Gesundheit ist doch die Hauptsache. Wenn das so wäre, dann hätten die Kranken die Hauptsache, den eigentlichen Lebenssinn verloren. Aber es gibt durchaus Kranke, die auch in ihrer Krankheit einen Sinn sehen, die manchmal erst durch ihre Krankheit das Gespür für das Wesentliche wiederentdeckt haben. Auch Paulus hat Gott gebeten, geheilt zu werden, und hat die Antwort bekommen: Lass dir an meiner Gnade genügen, meine Kraft ist in den Schwachen mächtig (das ist übrigens die Jahreslosung für 2012).

Wenn das Neue Testament von Heil spricht, ist damit nicht nur körperliche Gesundheit gemeint. Sondern es ist gemeint im Sinne des englischen Wortes „whole“, also „ganz“. Ganzheitlich, eine Einheit, jemand der die Welt mit allen Sinnen erfasst, der einen klaren Weg geht. Der aus einem Stück lebt. Zu solchen heilen Wesen möchte Gott uns machen. Körperliche Gesundheit ist nur ein Teil davon.

Die Auferweckung des Lazarus

Johannes 11,1-26 in Auswahl

Es lag aber einer krank, Lazarus aus Bethanien, dem Dorf Marias und ihrer Schwester Marta. Da sandten die Schwestern zu Jesus und ließen ihm sagen: Herr, siehe, der, den du lieb hast, liegt krank. Jesus aber hatte Marta lieb und ihre Schwester und Lazarus. Als er nun hörte, dass er krank war, blieb er noch zwei Tage an dem Ort, wo er war; danach spricht er zu seinen Jüngern: Lasst uns wieder nach Judäa ziehen!

Als Jesus kam, fand er Lazarus schon vier Tage im Grabe liegen. Und viele Juden waren zu Marta und Maria gekommen, sie zu trösten wegen ihres Bruders. Als Marta nun hörte, dass Jesus kommt, geht sie ihm entgegen; Maria aber blieb daheim sitzen. Da sprach Marta zu Jesus: Herr, wenn du da gewesen wärst, mein Bruder wäre nicht gestorben.

Jesus spricht zu ihr: Ich bin die Auferstehung und das Leben. Wer an mich glaubt, der wird leben, auch wenn er stirbt; und wer da lebt und glaubt an mich, der wird nimmermehr sterben. Glaubst du das?

Davon, wie Jesus einmal zu spät kam, handelt dieser Abschnitt aus dem Johannesevangelium. Lazarus, der Bruder der Maria und der Marta, ist krank. Und Lazarus ist für Jesus nicht irgendein Fremder, sondern ein Freund. Wir wissen aus dem Neuen Testament, dass Jesus häufig auf seinen Wanderungen bei ihm und seinen Schwestern Unterkunft fand; sie gehörten zwar nicht unmittelbar zu den Jüngern, aber unterstützten Jesus doch, wo sie konnten. Von daher müsste man annehmen, dass Jesus alles stehen und liegen lassen würde, um dem Freund zur Hilfe zu eilen. Aber seltsamerweise lässt er sich viel Zeit. Als er schließlich im Dorf des Lazarus ankommt, ist es schon zu spät: der

Freund ist inzwischen gestorben. Und Marta, die Jesus entgegengeht, sagt: „Herr, wenn du da gewesen wärst, mein Bruder wäre nicht gestorben."

„Wenn du da gewesen wärst!" Ich denke dabei an zwei Kinder, die unter einer Decke lagen. Das war vor zwanzig Jahren. Damals war gerade die innerdeutsche Grenze geöffnet werden, und dadurch konnten wir endlich unsere Partnergemeinde aus der Nähe von Erfurt einladen, uns zu besuchen. Die ersten beiden Autos mit Besuchern trafen auch pünktlich ein, nur das dritte Auto fehlte. Dann ein Anruf von der Polizei: Kurz hinter Seesen hatte es einen Unfall gegeben, wir sollten doch jemanden dorthin senden. Und als wir da ankamen, da sahen wir einen völlig zerstörten Trabi, zwei Erwachsene wurden behandelt, und daneben, auf einer Wiese, lag eine Decke. Und unter der Decke lagen zwei Kinder, die waren tot. Ein Reifen war geplatzt, und der Trabi war ins Schleudern gekommen und von einem entgegenkommenden Fahrzeug gerammt worden. Die Kinder hatten keine Chance gehabt.

Da habe ich an diese Worte gedacht: Wenn du da gewesen wärst, Gott! Hätte es nicht anders kommen können? Hätte der Reifen nicht eine Sekunde später platzen können, und es wäre nichts passiert? Musste es unbedingt ein schwerer Geländewagen sein, der dieses Auto aus Hartpappe rammte? War das nötig, Gott?

Wie oft haben das Menschen schon gesagt: Wenn du da gewesen wärst, Gott! Wenn du geholfen hättest, damals, als der Unfall passierte! Als die Krankheit ausbrach, bei der Operation! Dann wäre alles anders gekommen. Aber du hast nicht eingegriffen, Gott! Du warst nicht da, als wir dich brauchten. Du kamst zu spät. Und darum ist mein Mann, meine Frau, unser Kind gestorben. Und wir haben doch so gebetet, dass du uns hilfst.

Kennen Sie das? Wenn man um jemanden trauert, dann kreisen die Gedanken ja immer wieder um die gleiche Frage: Hätte es nicht auch anders kommen können? Habe ich vielleicht versagt? Hätten wir vielleicht eher zum Arzt gehen sollen? Oder hat der Arzt einen Fehler gemacht? Denn irgendjemand muss doch schuld sein, wenn so etwas Schreckliches passiert! Und manche fragen: Wie kann Gott so etwas zulassen? Mit einem solchen Gott, der so unbarmherzig ist, will ich nichts mehr zu tun haben. Sie hadern mit Gott. Sie strafen ihn mit Missachtung und bestrafen damit sich selbst. Sie kehren Gott den Rücken zu ausgerechnet in einer Zeit, in der sie ihn am nötigsten brauchen.

Man kann keinem Menschen übel nehmen, dass er so reagiert. Wer weiß, wie wir reagieren würden, wenn wir einen geliebten Menschen verlieren würden. Und trotzdem ist gerade hier unser Glaube gefragt. Was haben wir eigentlich vom Leben erwartet, als es noch leicht war zu glauben? Haben wir geglaubt, es gäbe keinen Tod? Wir würden nie alt werden und sterben? Wir würden nie einen Menschen betrauern müssen? Haben wir nicht gewusst, dass Gott uns so geschaffen hat, dass unser Leben vergänglich ist und dass jede Geburt den Keim des Todes schon in sich trägt?

Wir wussten es schon, irgendwo hatten wir es im Hinterkopf. Aber wenn wir dann selbst betroffen sind, ist es etwas ganz Anderes. Dann wird uns die Frage nach unserem Glauben noch einmal ganz neu gestellt: Was erwarten wir von Gott? Und: Wie tragfähig ist unser Glaube?

„Herr, wenn du da gewesen wärst!“ hat Marta gesagt, und Jesus antwortet auf diesen Satz anders, als man es erwarten könnte. Er entschuldigt sich nicht dafür, dass er zu spät gekommen ist. Er rechtfertigt sich auch nicht. Er schaut überhaupt nicht zurück. Er sagt: Es geht nicht darum, wo ich war oder warum ich gefehlt habe. Es geht darum, wer ich bin. „Ich bin die Auferstehung und das Leben“, und ich bin jetzt da, auch wenn da drüben im Grab der Tod ist. Aber weil ich das Leben bin, darum ist der Tod da drüben nicht mehr der Tod. Und dann geht er zum Grab und ruft: Lazarus, komm heraus!

Es gibt kein „Zu spät“ bei Gott. Machen wir uns das klar, wenn wir den Arzt fragen: Gibt es noch Hoffnung? Dann kann der Arzt die Frage nicht beantworten. Er kann Ihnen etwas über den Gesundheitszustand des Patienten sagen. Er kann sagen, wie die Chancen stehen, dass er noch einmal durchkommt. Aber ob es Hoffnung gibt, ist eine grundsätzliche Frage. Denn sterben werden wir in jedem Fall, früher oder später. Wenn es Hoffnung geben soll, dann muss es diese Hoffnung mit dem Problem des Todes aufnehmen.

Und wenn wir fragen: Wo war Gott in dem Moment, wo mein Mann, wo meine Frau, wo unser Kind gestorben ist, gibt es darauf nur eine Antwort: Er war da. Er war ihnen ganz nah. Aber viel wichtiger ist: er ist auch jetzt da. Auch bei den Toten. Sie sind immer noch in seiner Hand. Sie fallen da nicht raus! Auch der Tod hat keine eigene Macht, er hat seine Macht von Gott. Es gibt kein Reich der Toten, in dem Gott nicht ist.

Unsere Hoffnung ist nicht, dass Gott uns vor dem Tod bewahrt. Unsere Hoffnung ist, dass Gott uns im Tod bewahrt. Das ist gemeint mit dem Kreuz, das wir hier auf dem Altar stehen haben. Es ist kein magisches Zeichen, das Unglück abhält; es ist auch nichts, was man fürchten müsste (manche nehmen ja inzwischen an, dass ihre Kinder seelischen Schaden nehmen, wenn sie ein Kreuz sehen) – sondern das Kreuz bedeutet: Ich bin schon da. Wo das Unheil ist. Ich bin schon da, wo die Angst ist. Ich bin schon da, wo der Tod ist. Und darum ist der Tod kein Niemandsland, sondern er gehört zum Herrschaftsbereich Gottes.

Das ist gemeint, wenn wir im Glaubensbekenntnis sagen: „Hinabgestiegen in das Reich des Todes.“ Jesus ist in diesem Bereich des Todes gewesen und wieder zurückgekehrt. Er hat den Tod besiegt. Darum ist seine Auferstehung das wichtigste Ereignis der Weltgeschichte, denn sie macht deutlich: Das größte Problem der Menschheit, das Problem des Todes, ist gelöst. Wir können hoffen.

Einen objektiven Beweis dafür werden wir allerdings nicht finden. Genauso wenig wie wir Gott logisch beweisen können (oder auch widerlegen können). Ob es Gott gibt, kann man nur persönlich erfahren. Und ob es Hoffnung gibt im Tod, kann nur jeder für sich herausfinden.

Darum endet unser Predigtabschnitt auch nicht mit einer Feststellung, sondern mit einer Frage: Glaubst du das? Gemeint ist damit nicht: Hältst du es für möglich oder sogar wahrscheinlich, dass es ein Leben nach dem Tod gibt, vielleicht mit einer Chance von 50 zu 50 oder 70 zu 30, sondern: Baust du darauf? So dass es auch hält, wenn es eng wird, in der Krankheit, in der Angst, wenn es ans Sterben geht? Die letzten Fragen des Lebens kann man nicht erst im letzten Moment lösen, man muss sie vorher angehen. Wie sollen wir es schaffen, uns Gott zu überlassen, uns fallen zu lassen in den Tod, wenn wir mit diesem Gott gar keine Erfahrungen gemacht haben, wenn wir gar kein Vertrauen zu ihm aufgebaut haben? Es mag ja sein, dass die Not beten lehrt. Besser, wir haben das Beten gelernt, bevor die Not kommt.

„Glaubst du das?" Das ist die Frage, die uns der Predigttext stellt. Irgendwann werden wir sie beantworten müssen.

Das Gleichnis vom reichen Kornbauern

Lukas 12,15-21

Jesus sprach zum Volk: Seht zu und hütet euch vor aller Habgier, denn niemand lebt davon, dass er viele Güter hat.

Und er sagte ihnen ein Gleichnis und sprach: Es war ein reicher Mann, dessen Land hatte gut getragen. Und er dachte bei sich selbst und sprach: Was soll ich tun? Ich habe nichts, wohin ich meine Früchte sammle. Und sprach: Das will ich tun: ich will meine Scheunen abbrechen und größere bauen und will darin sammeln all mein Korn und alle meine Vorräte und will sagen zu meiner Seele: Liebe Seele, du hast einen großen Vorrat für viele Jahre; habe nun Ruhe, iss, trink und habe guten Mut. Aber Gott sprach zu ihm: Du Narr! Diese Nacht wird man deine Seele von dir fordern; und wem wird dann gehören, was du angehäuft hast? So geht es dem, der sich Schätze sammelt und nicht reich ist in Gott.

Da sitzen wir nun zu Erntedank in einer schön geschmückten Kirche und haben Blumen und Früchte vor den Altar gelegt und haben Lieder gesungen und gebetet, um Gott zu danken für die Ernte – und dann kommt die Lesung für diesen Tag, und das ist ausgerechnet das Gleichnis vom reichen Kornbauern. Das mit den Worten beginnt: „Hütet euch!" Seid vorsichtig! Also kann man offensichtlich etwas falsch machen, etwas falsch verstehen beim Erntedankfest. Und ich möchte Sie einladen, zwischen Lob und Dank einmal zu fragen, was uns diese Geschichte eigentlich zu sagen hat. Hören wir mal genauer hin.

„Jesus sagte ihnen ein Gleichnis und sprach: Es war ein reicher Mann, dessen Land hatte gut getragen." Im Alten Testament hätte vielleicht der Satz gestanden: „…der war von Gott reich gesegnet worden." Das ist ja eine häufige Verwechslung, dass Reichtum oder eine gute Ernte schon Segen bedeutet. Wie es im Kirchenlied heißt: „Die Ernt' ist nun zuende, der Segen eingebracht." Jesus benutzt dieses Wort nicht. Genau darum geht es ja in der Geschichte: deutlich zu machen, dass eine gute Ernte allein noch kein Segen ist. Ob sie dazu wird, muss sich erst noch zeigen.

Auch unser Kornbauer ist gar nicht so glücklich mit der guten Ernte. Sie macht ihm zunächst sogar Kopfschmerzen. Die Scheunen reichen nicht aus, um all das Getreide unterzubringen. Moderne Landwirte kennen das Problem auch: Wenn die Ernte zu gut war, fallen die Preise (im Allgemeinen, ohne dass der Verbraucher etwas davon merkt). Und da, wo zu viel produziert wird, werden die Reste weggeworfen oder vernichtet. Ein Fernsehsender berichtete vor kurzem aus Wien, dass dort jeden Morgen von den Bäckereien so viel altes Brot weggeworfen wird, dass man damit eine ganze Kleinstadt ernähren könnte. Das dürfte in Deutschland nicht anders sein.

Unser Bauer im Gleichnis allerdings findet eine Lösung für sein Problem: „Das will ich tun: ich will meine Scheunen abbrechen und größere bauen und will darin all mein Korn und Vorräte sammeln."

Also: Es ist alles eine Frage der Organisation! Eigentlich ist es eine ganz moderne Geschichte. Alles muss immer größer werden! Auch bei uns. Das Bruttosozialprodukt muss jedes Jahr ein bisschen wachsen, sonst ist etwas nicht in Ordnung. Die Spekulationsgewinne müssen immer weiter steigen. Solange, bis die Blase platzt. Dann steht man da und jammert und fragt: Wer bezahlt uns den Schaden – den wir selbst angerichtet haben?

Wie kommt es zu diesem Denken? Unser Gleichnis gibt darauf eine sehr kluge, sehr tiefblickende Antwort. Was sagt der Kornbauer? „Ich will größere Scheunen bauen und darin ansammeln all mein Korn und all meine Vorräte – und will zu meiner Seele sagen: Liebe Seele, du hast einen großen Vorrat für viele Jahre; habe nun Ruhe, iss und trink und habe guten Mut!"

Darum geht es eigentlich. Es geht darum, dass die Seele satt wird. Also dieses sensible Organ, das unser Lebensgefühl ausmacht. Und das so anfällig ist für Ängste. Zum Beispiel für die Angst, zu kurz zu kommen. Sich nicht genügend abgesichert zu haben. Etwas zu versäumen. Weniger zu haben als andere und damit weniger zu gelten: „Mein Haus, mein Boot, mein Auto". Dass dieser Hunger nach Leben gestillt wird, dass diese Unruhe zu Ruhe kommt. Einfach gesagt: dass man endlich einmal zufrieden ist. Darum geht es. Dafür der ganze Arbeitsaufwand des reichen Kornbauern. Vielleicht ja auch unserer.

Das ist das große Missverständnis bis heute. Die Verwechslung von Quantität und Qualität. Also der Gedanke: Ich muss nur genug haben, genug Korn, genug Geld, genug Luxus, dann bin ich am Ziel. Dann bin ich endlich glücklich und zufrieden. Und dann kauft man sich das größere Auto, die bessere Kamera, die teurere Reise - und stellt erstaunt fest: Es ist immer noch nicht genug. Ich bin immer noch nicht zufrieden. Die Seele ist immer noch nicht satt.

Das liegt aber nicht daran, dass es nicht genug wäre. Es ist manchmal sogar zu viel. Es liegt nur daran, dass es die falsche Nahrung ist. Denn die Seele isst nun mal kein Korn. Sie wird nicht satt von Besitz. Sie ernährt sich von allem Möglichen. Von Dankbarkeit, von Freude, von glücklichen Augenblicken, die man mit anderen erlebt. Von der Erfahrung: Mein Leben ist sinnvoll und gut. Es bleibt etwas auch dann, wenn ich einmal gehe.

Davon ernährt sich die Seele. Davon wird sie satt.

Der Fehler des reichen Kornbauern ist also nicht, dass er zu reich ist oder dass er zu berechnend ist. Sein Fehler ist, dass er zu kurzsichtig ist. Er denkt nicht vom Ende her. Er denkt nicht daran, dass Gott am Ende zu ihm sagen wird: „Du Narr! Heute Nacht will ich deine Seele von dir fordern, und wem wird dann gehören, was du angehäuft hast?“

Es ist die Frage nach dem, was bleibt. Was möchten wir denn als Ernte einfahren am Ende unseres Lebens? Was möchten wir erreicht haben? Klug ist der, der sich darüber nicht erst Gedanken macht, wenn das Ende da ist. Sondern der sich schon vorher einmal fragt: Was soll denn bleiben? Was wünsche ich mir, dass am Ende über mich gesagt werden soll? Was sollen meine Kinder über mich sagen? Mein Ehepartner, meine Freunde, meine Kollegen und Nachbarn? Und was wird wohl Gott sagen über mein Leben?

Darum geht es in unserem Gleichnis vom reichen Kornbauern. Die Geschichte hat ein tragisches Ende. Aber man kann sich ja doch einmal fragen: Was wäre eigentlich ein gutes Ende gewesen? Wie hätte sich denn der Kornbauer so verhalten können, dass es in den Augen Jesu richtig gewesen wäre?

Ich denke mir, der Kornbauer hätte auch sagen können: Meine Scheunen sind groß genug, so wie sie sind. Mehr als essen und satt werden kann ich nicht. Und das, was ich zu viel habe, haben andere zu wenig. Die überreiche Ernte wäre also kein Grund gewesen, sich Sorgen zu machen. Es wäre ein Grund zur Freude gewesen. Man hätte viele Menschen damit satt machen können. Und dann wäre tatsächlich das passiert, was man sich immer vom Besitz erhofft: aus Quantität wäre Qualität geworden. Dann wäre die gute Ernte ein Segen gewesen, dann wäre aus Besitz Glück geworden. Und die Menschen hätten sich noch lange danach an die Zeit erinnert, als es Korn umsonst gab und alle genug zu essen hatten. Und an den reichen Bauern, der einmal nicht in die eigenen Scheunen gesammelt hatte, sondern das weitergegeben, was er nicht brauchte.

Natürlich war das eine ganz andere Zeit damals in Galiläa vor 2000 Jahren. Heute werden Sie kaum einen Menschen finden, den Sie mit einem Sack voll Getreide glücklich machen können. Und wenn Sie sich mit einem gebackenen Brot an die Ecke stellen und es kostenlos anbieten, man wird Sie nur groß angucken. Jedenfalls bei uns. Aber es gibt auch heute genügend Menschen, für die eine schlechte Ernte bedeuten kann, dass sie sterben. Die leben nur an anderen Stellen der Welt.

Und da kann die Lösung nicht sein, dass wir hier immer größere Scheunen bauen oder Brot vernichten. Da ist die einzige Lösung, dass wir weitergeben, was hier zu viel und anderswo zu wenig wächst. Eine alte Regel aus dem Neuen Testament sagt: „Euer Überfluss diene ihrem Mangel.“

Wie man das macht, dass das Brot in die Welt kommt, ist eine Frage, die man sorgfältig prüfen muss. Ein Anfang wäre ja schon dadurch gemacht, dass wir nicht Nahrungsmittel aus der Dritten Welt importieren, um sie bei uns zu verfüttern. Denn da fehlt sie sonst den Menschen. Aber eins ist sicher: Es liegt nicht daran, dass es nicht genug Brot gäbe. Die Ernte ist überreich, so wie in unserem Predigttext. Es geht nur darum, ob wir größere Scheunen für uns selbst bauen oder das Brot anderen zukommen lassen.

Jesus sagt: „So geht es dem, der sich Schätze sammelt und nicht reich ist bei Gott.“ Im Himmel gilt offenbar eine andere Währung als Euro und Dollar. Davon handelt eine Geschichte, die ich zum Abschluss erzählen möchte, der eine oder andere mag sie schon kennen:

Ein Mann kommt in den Himmel und findet alles genauso schön, wie er sich das vorgestellt hatte: man flaniert über blühende Wissen und trifft nette Menschen. Und es gibt sogar überall große Verkaufsstände mit den herrlichsten Leckereien. „Was kostet das denn?“ fragt er den Engel hinter dem Tresen. „Alles kostet einen Cent“, antwortet der Engel. „Na wunderbar, “ sagt der Mann und holt seine Geldbörse raus, „gut, dass ich so viel Geld mitgebracht habe!“ –

„Du hast mich falsch verstanden“, sagt der Engel. „Bei uns zählt nicht das Geld, das du mitgebracht hast. Bei uns zählt nur das, was du anderen gegeben hast.“

„Ich rühme mich meiner Schwachheit“

2.Korinther 12,1-10

Gerühmt muss werden; wenn es auch nichts nützt, so will ich doch kommen auf die Erscheinungen und Offenbarungen des Herrn. Ich kenne einen Menschen in Christus; vor vierzehn Jahren – ist er im Leib gewesen? Ich weiß es nicht; oder ist er außer dem Leib gewesen? Ich weiß es auch nicht; Gott weiß es –, da wurde derselbe entrückt bis in den dritten Himmel. Und ich kenne denselben Menschen – ob er im Leib oder außer dem Leib gewesen ist, weiß ich nicht; Gott weiß es –, der wurde entrückt in das Paradies und hörte unaussprechliche Worte, die kein Mensch sagen kann. Für denselben will ich mich rühmen; für mich selbst aber will ich mich nicht rühmen, außer meiner Schwachheit.

Und wenn ich mich rühmen wollte, wäre ich nicht töricht; denn ich würde die Wahrheit sagen. Ich enthalte mich aber dessen, damit nicht jemand mich höher achte, als er an mir sieht oder von mir hört. Und damit ich mich wegen der hohen Offenbarungen nicht überhebe, ist mir gegeben ein Pfahl ins Fleisch, nämlich des Satans Engel, der mich mit Fäusten schlagen soll, damit ich mich nicht überhebe. Seinetwegen habe ich dreimal zum Herrn gefleht, dass er von mir weiche. Und er hat zu mir gesagt: Lass dir an meiner Gnade genügen; denn meine Kraft ist in den Schwachen mächtig. Darum will ich mich am allerliebsten rühmen meiner Schwachheit, damit die Kraft Christi bei mir wohne.

Darum bin ich guten Mutes in Schwachheit, in Misshandlungen, in Nöten, in Verfolgungen und Ängsten um Christi willen; denn wenn ich schwach bin, so bin ich stark.

Liebe Schwestern und Brüder,

von Zeit zu Zeit überfällt mich die Frage: Wie kann ich predigen? Also nicht: Wie mache ich das, rein technisch, sondern: Wie komme ich eigentlich dazu? Was gibt mir das Recht, anderen, die ja auch Christen sind, etwas über den Glauben sagen zu wollen? Wo ich doch auch meine eigenen Fragen habe und nicht auf alles eine Antwort weiß und mir vor allem klar darüber bin, dass ich selbst weit von dem entfernt bin, was das Neue Testament Nachfolge nennt. Was gibt mir dann das Recht zu predigen?

Als ich noch ein ganz junger Pastor war (so jung, dass ich eine große Ehrfurcht vor meinem Amt hatte, die aber auf der anderen Seite immer verbunden war mit der heimlichen Frage: Kannst du das überhaupt ausfüllen, diese Erwartungen der Gemeinde, oder musst du da etwas darstellen, was du eigentlich gar nicht als Person leisten kannst?), da bin ich mit dieser Frage mal zu einem älteren Kollegen gegangen: Was gibt mir das Recht zu predigen? Und er hat mir geantwortet: Geh nach Haus und schau auf deine Ordinationsurkunde. Da steht: Du bist ein beauftragter Bote deiner Kirche, beauftragt, das Evangelium rein zu predigen und die Sakramente laut dem Evangelium auszuteilen. Dazu bist du eingesegnet worden, und das gilt, egal ob du das nun gerade glaubst oder nicht. Also sitz nicht rum und fühl dir den Puls, sondern verkündige das Wort, zur Zeit oder zur Unzeit.

Mir hat das damals sehr geholfen, zu wissen: Ich habe diesen Auftrag, der ist mir von Gott gegeben, aber auch von Menschen, die dahinterstehen, die mich dazu ausgesandt haben.

Auch in unserem Predigttext geht es um die Frage der Legitimation eines Predigers. Nur ist für Paulus diese Frage viel schwieriger, denn er hat keine Ordinationsurkunde, die ihn als Apostel legitimiert. Und manche in der Gemeinde in Korinth bezweifeln seine Legitimation und fragen ihn: Was hast du vorzuweisen? Was hast du denn Besonderes geleistet? Kannst du zum Beispiel in fremden Zungen reden? Kannst du heilen? Hast du schon irgendwelche Offenbarungen gehabt wie andere Apostel, die uns besucht haben, kannst du die Zukunft prophezeien?

Paulus befindet sich also in einer schwierigen Situation. Er ist aufgefordert, sich selbst zu rechtfertigen, er soll sich seiner besonderen Gaben rühmen. Und das behagt ihm überhaupt nicht, das steht in einem krassen Gegensatz zu seiner ganzen Theologie, zur Lehre vom Kreuz, mit dem Gott das Wertesystem durchkreuzt, auf den Kopf gestellt hat. Das hat er ja im ersten Brief an die Korinther schon ausführlich erklärt: „Denn weil die Welt in ihrer Weisheit Gott in seiner Weisheit nicht erkannte, gefiel es Gott, durch die Torheit der Predigt selig zu machen, die daran glauben.“ Wenn Gott nun aber durch die Schwachen und Unscheinbaren wirken will, dann kann er ja schlecht anfangen, von seinen Stärken zu reden.

Und so beginnt nun im Predigttext eine merkwürdige Scharade: Da beschreibt Paulus einen anderen Menschen, der große geistliche Erkenntnisse hatte, der auch bis in den Himmel entrückt wurde und unaussprechliche Worte gehört hat.

Für den will er sich rühmen, aber nicht für sich selbst. Man ahnt natürlich, was dahinter steckt: Paulus spricht hier schon von eigenen Erlebnissen, er spricht über besondere Visionen, die er ja auch gehabt hat (denken wir an seine Berufungsvision vor Damaskus), aber er spricht darüber ganz distanziert, als ob es ihn gar nicht betreffen würde. *Damit* will er die Korinther nicht überzeugen. Auf diesen Wettstreit der Visionen und Offenbarungen lässt er sich nicht ein.

Und das ist wahrscheinlich klug. Denn wirkliche Glaubenserfahrungen kann man nicht vermitteln. Das merkt jeder, der einmal selbst eine faszinierende Glaubenserfahrung gemacht hat, etwas, was für ihn ein Wunder war. Davon möchte man natürlich gern anderen erzählen, man möchte sie anstecken mit seiner Begeisterung, und dann merkt man irgendwann: Das geht gar nicht. Glaubenserfahrungen muss jeder selbst machen. Man kann nicht vom fremden Glauben leben.

Paulus ist klug genug, das zu wissen. Er verzichtet darauf, diese Erfahrungen als Legitimation zu verwenden. Stattdessen dreht er nun sozusagen den Spieß um und sagt: Wenn ihr schon wollt, dass ich mich rühme, dass ich mit meinen besonderen Gaben prahle, dann prahle ich eben mit meinen Schwächen. Dann spreche ich von meiner Krankheit, das ist auch eine Gabe Gottes. Das ist mir von Gott aufgegeben.

Wir wissen nicht, woran Paulus gelitten hat, manchmal wird Epilepsie vermutet (das galt ja im Altertum als heilige Krankheit) – wir wissen aber, dass Paulus darunter sehr gelitten hat. Er nennt es einen „Pfahl im Fleisch“ oder auch „den Engel Satans, der mich mit Fäusten schlagen soll, damit ich mich nicht überhebe.“ Da könnten schon epileptische Anfälle gemeint sein. Das kann man sich vorstellen, wie peinlich es für einen Prediger ist, wenn er mitten in seiner Predigt umfällt und um sich schlägt. Wer nimmt denn so einen noch ernst?

Es ist also nur allzu verständlich, dass er Gott immer wieder gebeten hat, ihn davon zu befreien. Wer möchte schon durch sein Leiden Gott verkünden! Wir möchten doch lieber Gott aus ganzem Herzen loben und damit überzeugen! Auch die christlichen Märtyrer sind doch nicht in den Tod gegangen, weil sie keine Lust mehr gehabt hätten zu leben. Die haben sich doch mit allen Fasern danach gesehnt, weiterleben zu können! Auch Jesus hat in Gethsemane gebetet: „Herr, wenn es geht, soll dieser Kelch (des Leids) an mir vorübergehen." Dietrich Bonhoeffer, der mehr als ein Jahr in seiner Zelle in Tegel gesessen hat und nicht wusste, ob er da wieder lebend rauskommen würde, schreibt in seinem berühmten Gedicht „Von guten Mächten": „Doch willst du uns doch einmal Freude schenken / an dieser Welt und ihrer Sonne Glanz / dann wollen wir des Vergangenen gedenken / und dann gehört dir unser Leben ganz."

Paulus bittet also Gott um Heilung, um Entlastung. Und Gottes Antwort ist: „Lass dir an meiner Gnade genügen. Denn meine Kraft ist in den Schwachen mächtig." Sie haben es vielleicht gemerkt: das ist die Jahreslosung für 2012. Das sollten wir ganz genau hören. Auch wenn es nicht leicht zu hören ist. Auch wenn es eigentlich unseren Vorstellungen diametral entgegengesetzt ist. Es passt doch überhaupt nicht in unsere Zeit!

Man kann doch heute nicht mehr punkten mit seiner Schwäche. Man muss doch seine Stärken vorführen, auch als Kirche! „Tu Gutes und rede darüber" – das ist die Devise unserer Zeit. Wenn Sie bei der Aktion „Das Goldene Herz" zwanzig Euro spenden, dann kommen Sie dafür in die Zeitung, als Wohltäter. Das muss man sich überlegen: So billig kriegen Sie keine Werbung in die Zeitung! Nehmen wir dagegen die vielen „kleinen" Spender, die Monat für Monat etwas an das Kinderhilfswerk überweisen, deren Namen kennt keiner, die haben nichts davon. Aber Jesus sagt: Gerade weil sie sich keinen Namen bei Menschen machen wollen, wird Gott es ihnen lohnen.

Vielleicht besinnen wir uns ja irgendwann wieder auf alte Tugenden wie Bescheidenheit, Nachdenklichkeit, vielleicht sogar Demut? Zumindest an manchen Stellen bekommen wir doch noch ein Gespür dafür, was es heißt, dass Gottes Kraft in den Schwachen mächtig ist. Ich denke da an letzten Papst Johannes Paul II in seinen letzten Amtsjahren, als er wirklich alt und hinfällig geworden war. So dass manche fragten: Muss man dem alten Mann das zumuten, immer noch zu reden, immer noch zu gehen, Besucher zu empfangen? Aber gleichzeitig hatte es etwas ungeheuer Anrührendes, nachdenklich Stimmendes. Auch seine Besucher, die ja häufig mächtige und bedeutende Menschen waren, bekamen für diesen Moment die Grenzen menschlicher Größe und Macht vor Augen gemalt. Sie mussten sich schon rein körperlich ein Stück bücken, um auf gleicher Höhe zu sein. Ein residierender Papst dagegen, im Glanz seiner dreifachen Krone und auf dem Thron Petri sitzend, hätte nichts an ihrer Einstellung geändert, nach der es darum geht, etwas aus sich zu machen.

Paulus erinnert uns daran, dass Kirche Gegenkultur ist zu dem, was in der Welt üblich ist. Dass sie nicht in der Gesellschaft der Marktschreier mitmischen soll, dass sie sich nicht auf dem Jahrmarkt der Eitelkeiten darstellen muss, dass sie nicht zu der großen Zahl der Blender gehören soll, sondern zu ihren Schwächen stehen darf und dass Gott gerade dadurch mit seiner leisen Stimme in der Welt gehört werden will.

Dietrich Bonhoeffer schreibt:

„Ich glaube, dass die Kirche nicht von ihrem öffentlichen Einfluss lebt und nicht von der Zahl der Leitartikel, die sie lobend erwähnen. (…)
Ich glaube, dass die Zahl der kirchlichen Veranstaltungen die Wirkungen nicht widerspiegelt, die von der Gemeinde ausgehen, und dass die Höhe der Kirchensteuereinkünfte keinen Maßstab für die Chancen abgibt, die sie in Zukunft haben wird.

Ich glaube, dass die Kirche dort lebt, wo Christus in ihr Gestalt gewinnt und wo sie unabhängig von Beifall und Widerspruch für ihn eintritt.“

Amen.

Worte zum Alltag

Menschenwürde

Zwölf Männer und Frauen wohnen in einem Container zusammen, langweilen sich, unterhalten sich auf Comic-Niveau, erhalten Anweisungen durch einen „Großen Bruder“ und werden dabei permanent für eine Fangemeinde gefilmt, die auch darüber entscheidet, wer von ihnen als nächster rausfliegt. Andere, die aus unerfindlichen Gründen als Promis bezeichnet werden, leben in einem Dschungelcamp, essen Würmer, bestehen andere Ekelproben und haben dadurch die Chance, Dschungelkönig oder –königin zu werden. Junge Leute melden sich für eine Casting-Show und riskieren, sich vor einem Millionenpublikum zu blamieren oder aber durch die Jury schwer beleidigt zu werden.

Moment mal. Gab es da nicht diesen Artikel 1 des Grundgesetzes, in dem es heißt, dass die Würde des Menschen unantastbar sei? War da nicht auch der Schutz der Privatsphäre vorgesehen? Und stammt der Große Bruder nicht aus einem Zukunftsroman von George Orwell, der vor den Schrecken totaler Überwachung warnt? Sollen wir all das zugunsten einer höheren Einschaltquote über Bord werfen?

Wenn die privaten Sender nicht in der Lage sind, Verantwortung für ihr Programm zu übernehmen, müssen offenbar wir Konsumenten die Entscheidung treffen. Das Fernsehgerät hat auch einen Knopf zum Abschalten, man muss ihn nur bedienen.

Talk, talk, talk

„Einen schönen Abend noch und machen Sie's gut!“ sagt der Mann von der Wetterkarte. „Tschüss und auf Wiedersehen,“ verabschiedet sich gleich darauf die Ansagerin. Ein bisschen fühlt man sich an alttestamentliche Psalmen erinnert, in denen auch alles doppelt gesagt wird, allerdings dort zu poetischen Zwecken. Teilnehmer von Talkshows ringen um Redezeit, als wollte man ihnen die Luft zum Atmen nehmen. Netzanbieter verkaufen unbegrenzte *air time* für Handynutzer. Deutschland quatscht sich leer.

Ist diese Geschwätzigkeit eigentlich notwendig? Kann man seinen Redefluss nicht kontrollieren und die Worte abwägen, bevor man sie sagt? Im 141. Psalm steht die Bitte: „Herr, stelle eine Wache vor meinen Mund, einen Wehr vor das Tor meiner Lippen.“ Dazu reicht ein Wort als Antwort: Amen.

Geburtsanzeigen

Möchten Sie so in der Zeitung erscheinen: „Manfred Meier, Größe: 177 cm, Gewicht: 89 Kilo, feierte gestern Geburtstag“? Vermutlich nicht. Die Geburt neuer Erdenbürger dagegen wird mit allen Daten gemeldet, als wollte man sie ins Guinness-Buch der Rekorde eintragen.

Ist es wirklich so wichtig, welches Gewicht unsere Kinder bei ihrer Geburt auf die Waage bringen und wie groß sie geraten sind? Oder versuchen wir nur, über den Namen und das Geburtsdatum hinaus etwas Wichtiges zu dieser Geburt zu sagen? Wie wäre es dann mit den Worten: „Wir sind froh über die Geburt unseres neuen Familienmitglieds“? Oder sogar: „Wir danken Gott für das neue Leben, das er uns anvertraut hat“?

Virtuelle Gebete

„Wie-kann-ich-beten.de“ heißt ein interaktives Portal im Internet, mit dessen Hilfe man Gebete in den „virtuellen Himmel“ senden kann. Wer sich also nicht traut, Gott persönlich anzusprechen, kann seine Wünsche stattdessen anderen Internetnutzern zur Kenntnis geben.

Was soll man davon halten? Jesus hat sich das Beten ja irgendwie anders vorgestellt. In der Bergpredigt sagt er: Wenn ihr betet, sollt ihr es nicht tun, um von den Leuten gesehen zu werden. Geh stattdessen in dein Zimmer und schließ die Tür und bete zu deinem Vater im Verborgenen, und Gott, der ins Verborgene sieht, wird dir's vergelten.

Allerdings gibt es in diesem Internetportal auch einige nützliche und schöne Texte zum Thema Gebet. Wenn einige auf diese Weise das persönliche Gespräch mit Gott wiederentdecken, hat sich die virtuelle Mühe vielleicht doch gelohnt. Und Gott, der sicher auch ins Internet sieht, wird's ihnen vergelten.

Der Sieben-Tage-Test

Ärgern Sie sich auch häufiger über die Unfähigkeit oder Unfreundlichkeit Ihrer Mitmenschen? Dann machen Sie doch mal den Sieben-Tage-Test: Versuchen Sie eine Woche lang, ohne Kritik an anderen auszukommen. Wenn etwas falsch läuft, fragen Sie sich stattdessen, was Sie selbst falsch gemacht haben könnten. Und dann versuchen Sie, Ihr eigenes Verhalten zu ändern. Und beobachten Sie aufmerksam, wie sich dadurch das Verhalten der Anderen ändert.

Jesus hat das einmal mit einem Bild ausgedrückt: Bevor du den Splitter aus dem Auge deines Mitmenschen ziehst, kümmere dich erst mal um den Balken in deinem Auge. Und den zieh raus. Danach siehst du auch den Anderen mit anderen Augen.

Wenn du Gutes tust

Die Worte Jesu stehen häufig im Widerspruch zur landläufigen Meinung, sogar in der Kirche. Was soll man zum Beispiel davon halten, wenn Jesus in der Bergpredigt fordert: „Wenn du Almosen gibst, soll nicht einmal eure linke Hand wissen, was die rechte Hand tut"? Das widerspricht allen Regeln des modernen Sponsoring. Natürlich müssen alle wissen, was man Gutes tut und wem, wie soll man sonst an Spendengelder kommen? Und für mich als Wohltäter ist es auch nicht von Schaden.

Was Jesus meint, ist offenbar: Es liegt eine Gefahr darin, Wohltätigkeit mit Reklame zu verwechseln. Man macht sich zu sehr abhängig von Beifall und Ablehnung durch andere Menschen. Und dabei kann es leicht passieren, dass nicht mehr das Projekt, sondern das Prestige im Vordergrund steht.

Also: Tue Gutes und rede nicht so viel darüber – würde Jesus sagen. Gott weiß schon, was er an dir hat.

Oster-Lachen

Haben Sie das auch schon erlebt? Der Pastor spricht in seiner Predigt über das Osterlachen und dass es früher den Brauch gegeben habe, die Osterpredigt mit einem Witz zu beginnen. Das sei ein schöner Ausdruck der Freude über die Auferstehung Christi. Womit er sicher Recht hat. Also geht man belehrt von dannen. Nur zu lachen gab's leider nichts.

Irgendwie typisch. Eigentlich haben wir es beim christlichen Glauben mit einer frohen und befreienden Botschaft zu tun. Trotzdem bleiben manche unserer Gottesdienste unfroh. Hängt es vielleicht damit zusammen, dass wir so viel Wert auf das Denken und so wenig Begeisterung in das gemeinsame Singen und Beten legen? Wenn das so ist, können wir von den Osterliedern lernen, was Freude und Begeisterung heißt.

Habe ich noch etwas vergessen? Ach ja, das Osterlachen! Also:

Ein Tourist steht am Ufer des Sees Genezareth und fragt einen Bootsbesitzer: „Wie teuer ist die Überfahrt?“ - „Vierzig Dollar“, ist die Antwort. „Wie bitte?“ ärgert sich der Tourist. „Das ist ja Wucher!“ Der Schiffer versucht zu besänftigen: „Bedenken Sie, dass hier Jesus zu Fuß über das Wasser gewandelt ist!“ – „Ist ja kein Wunder“, erwidert der Tourist. „Bei den Preisen!“

Das Schweigen des Muezzins

Die Frage, ob man in Deutschland oder in der Schweiz den Bau von Moscheen erlauben soll, lässt sich ziemlich leicht lösen: Natürlich soll kein Mensch daran gehindert werden, seinen Glauben zu praktizieren. Andererseits sollte auch niemand gezwungen werden, an dieser Religionsausübung gegen seinen Willen teilzunehmen. Muslimische Moscheen stören nicht das Stadtbild, der fünfmalige Ruf des Muezzins dagegen kann ausgesprochen nervtötend sein – wer schon einmal im arabischen Umfeld Urlaub gemacht hat, weiß das. Auch die Kirchen bekämen Ärger, wenn sie fünfmal am Tag die Glocken zum Gebet läuten ließen.

An dieser Stelle wird aber wieder einmal klar, dass Toleranz immer zwei Seiten hat. Wer der Schweiz Intoleranz gegenüber den Muslimen vorwirft und sogar ein Eingreifen des Internationalen Gerichtshofs fordert, verhält sich intolerant gegenüber den Schweizern, die immerhin das Recht haben, die Gesetze ihres eigenen Landes selbst zu bestimmen. Und bevor wir unsere friedfertigen Nachbarn vor den Kadi bringen, sollten wir uns vielleicht zunächst einmal dafür stark machen, dass im Iran und anderen Ländern die Todesstrafe für den Übertritt vom Islam zum Christentum abgeschafft wird. Es gibt nämlich neben der Toleranz noch eine andere Tugend, die auf christliche Wurzeln zurückgeht: das ist die Solidarität mit verfolgten Mitmenschen.

Kurz-Schlüsse

Spontane Entscheidung

Weil der Schiedsrichter
das Tor nicht gegeben hat,
spiele ich nie wieder Fußball.

Weil der Richter
ein ungerechtes Urteil gesprochen hat,
glaube ich nicht mehr an das Recht.

Weil der Pastor
einen Fehler gemacht hat,
trete ich aus der Kirche aus.

„Keiner hat die Wahrheit gepachtet"

Warum also
Jan Hus
Hans und Sophie Scholl
Dietrich Bonhoeffer
Mahatma Gandhi
Jesus von Nazareth

wart ihr so unflexibel
für eure Wahrheit zu sterben?

„Wir haben alle nur einen Gott"

Er heißt:
Gott unserer Väter
Hüter der Tradition
Der Gott, der Eisen wachsen ließ
Herr der Heerscharen
Rächer alles Bösen
Das moralische Gesetz in mir
Jenes höhere Wesen, das wir verehren
Jeder Teil dieser Erde
Mutter Natur
Nothelfergott
Unser Vater im Himmel

Wir haben alle denselben Gott
Er hat nur so viele Gesichter

„Wenn ein Hungriger dich fragt: Wo ist Gott? Dann gib ihm einen Fisch und sag: Hier."

Wenn es aber ganz anders ist?
Wenn er gar keinen Hunger hat auf Fisch
oder Fleisch oder Brot
sondern auf Gott
meint ihr wirklich
es reicht aus
ihn mit ein bisschen Geld
oder Fisch
oder Sonntagsworten abzuspeisen?

Worte

„Charisma“
(früher einmal: die Gabe Gottes, das Talent)
meint heute:
wirres Denken
unklares Glauben
Emotionalität

„Segen“
(ursprünglich: Gottes Kraft für unser Leben)
wird heute angeboten
zur pauschalen Abdeckung des Restrisikos

Worte
die einmal Gewicht hatten
im Schlussverkauf billig abzugeben

„Kinder an die Macht“

Ray Charles ins Cockpit
Joseph Goebbels auf die Kanzel
Erich Mielke in den Beichtstuhl
Mario Barth for President
Nordkorea in den Sicherheitsrat
Lieschen Müller in die Talkshow
Dr. Frankenstein in den OP

Kinder an die Macht

„Vor-Denker“

Ich habe die Zeit erlebt
als die Vordenker der Gesellschaft
Rothändle rauchten und in Pessimismus schwelgten

Ich habe die Zeit erlebt
als die Nonkonformisten
Mao verehrten und die Nonkonformisten-Uniform trugen

Ich habe die Zeit erlebt
als die Alternativen Gemüse anbauten
und getrennter Müll schon politisches Programm war

Ich habe die Zeit erlebt
als man den Lifestyle neu entdeckte
und statt Kindern Karriere machte

Ob ich die Zeit noch erlebe
in der die Vordenker lernen
auf eigene Faust zu denken?

Printed by Books on Demand GmbH, Norderstedt / Germany